EDUCAÇÃO LINGUÍSTICA PARA JOVENS E ADULTOS

Coleção Linguagem na Universidade

EDUCAÇÃO LINGUÍSTICA PARA JOVENS E ADULTOS • *Paula Cobucci e Veruska Machado*
ESTÁGIO SUPERVISIONADO DE INGLÊS • *Rosely P. Xavier*
LABORATÓRIO DE ENSINO DE GRAMÁTICA • *Maria Helena de Moura Neves e André V. Lopes Coneglian*
LEITURA E PRODUÇÃO DE TEXTOS • *Juliana de Freitas Dias*
LINGUÍSTICA APLICADA • *Ana Elisa Ribeiro e Carla Viana Coscarelli*

Coordenadores
Kleber Silva e Stella Maris Bortoni-Ricardo

Assistentes de coordenação
Paula Cobucci e Valentina Carvalho Oliveira

Proibida a reprodução total ou parcial em qualquer mídia
sem a autorização escrita da editora.
Os infratores estão sujeitos às penas da lei.

A Editora não é responsável pelo conteúdo deste livro.
As Autoras conhecem os fatos narrados, pelos quais são responsáveis,
assim como se responsabilizam pelos juízos emitidos.

Consulte nosso catálogo completo e últimos lançamentos em www.editoracontexto.com.br.

EDUCAÇÃO LINGUÍSTICA PARA JOVENS E ADULTOS

Paula Cobucci
Veruska Machado

Copyright © 2023 das Autoras

Todos os direitos desta edição reservados à
Editora Contexto (Editora Pinsky Ltda.)

Montagem de capa e diagramação
Gustavo S. Vilas Boas

Preparação de textos
Luiza Tofoli dos Santos

Revisão
Lilian Aquino

Dados Internacionais de Catalogação na Publicação (CIP)

Cobucci, Paula
Educação linguística para jovens e adultos / Paula Cobucci, Veruska Machado. – São Paulo : Contexto, 2023.
128 p. (Coleção Linguagem na Universidade)

Bibliografia
ISBN 978-65-5541-378-6

1. Educação de jovens e adultos 2. Pedagogia 3. Alfabetização I. Título II. Machado, Veruska III. Série

23-5785   CDD 530.01

Angélica Ilacqua – Bibliotecária – CRB-8/7057

Índice para catálogo sistemático:
1. Educação de jovens e adultos

2023

Editora Contexto
Diretor editorial: *Jaime Pinsky*

Rua Dr. José Elias, 520 – Alto da Lapa
05083-030 – São Paulo – SP
PABX: (11) 3832 5838
contato@editoracontexto.com.br
www.editoracontexto.com.br

Sumário

APRESENTAÇÃO 7

COMPREENDENDO A EDUCAÇÃO DE JOVENS, ADULTOS E IDOSOS 11
Panorama da EJAI na legislação brasileira 11
Como conduzir o trabalho pedagógico de Língua Portuguesa? 15
O que ensinar? 19
Escuta sensível e interação 19
Como ensinar? 22
O que são sequências didáticas? Como organizá-las? 24
Gêneros textuais 25

A ALFABETIZAÇÃO NA EJAI 31
Motivos que levam estudantes da EJAI
   a querer aprender a ler e escrever 31
O que significa ser alfabetizado e letrado 33
Requisitos básicos para a alfabetização 34
Diagnóstico ou sondagem de alfabetização 38
Método, metodologia e método de alfabetização 46
Dicas para alfabetizadores(as) de jovens, adultos e idosos 52

O ENSINO DE LÍNGUA PORTUGUESA NA EJAI ... 57
Educação linguística e o papel da escola ... 57
Leitura ... 58
Produção escrita ... 66
Oralidade ... 72
Conhecimentos linguísticos ... 74
A importância dos gêneros textuais
    na integração dos eixos da língua ... 75

SEQUÊNCIA DIDÁTICA DE LÍNGUA PORTUGUESA NA EJAI ... 81
Trocando experiências ... 81
Escuta sensível e respeitosa para identificar o tema gerador ... 82
Apreciação de diversas imagens artísticas ... 84
Pesquisa sobre como tirar boas fotos ... 85
Economia solidária, cooperativismo e sustentabilidade ... 86
Avaliação do processo e projetos futuros ... 88

ESCOLARIZAÇÃO E MUNDO DO TRABALHO ... 97
A educação profissional de jovens, adultos e idosos ... 97
Trocando experiências ... 99
Planejamento e desenvolvimento das propostas ... 101
Projetos de letramento ... 104

Bibliografia comentada ... 119

Referências ... 123

As autoras ... 125

Apresentação

Segundo dados da Pesquisa Nacional por Amostra de Domicílios Contínua (PNAD Contínua, 2022), 18,3% dos jovens de 14 a 29 anos não concluíram alguma das etapas da educação básica, seja por abandono ou por nunca terem frequentado a escola. Sabemos que a evasão é multifatorial, visto que são várias as razões que conduzem ao abandono escolar. A necessidade de trabalhar e o desinteresse pelo estudo foram os principais motivos apontados. A necessidade de trabalhar envolve questões de políticas públicas mais amplas e, para avançar nessa questão, a escola precisa estar articulada com diversos outros setores da sociedade. Uma das possibilidades seria pensar em assistência estudantil para jovens, adultos e idosos que retomam os estudos para concluir a educação básica após o abandono escolar.

Já em relação ao desinteresse pelo estudo, precisamos reconhecer que a escola é uma das grandes protagonistas para tentar reverter esse quadro. Como tornar a educação de jovens, adultos e idosos mais atrativa, de forma que esse público possa ver sentido em permanecer na escola até concluir a educação básica?

Antes de prosseguir, temos um esclarecimento importante. O público da educação de jovens e adultos (EJA) é caracterizado pela diversidade: diversidade de experiências escolares e de vivências no mundo do trabalho, diversidade geracional, além daquelas presentes em todas as salas de aula, como a diversidade étnico-racial e de gênero. No título deste livro, utilizamos a expressão "educação de jovens e adultos", pois é a forma mais conhecida nacionalmente. Mas defendemos a inserção do termo "idosos", porque reconhece e enfatiza a necessidade de oferecer oportunidades educacionais a todas as faixas etárias que não tiveram acesso à educação formal ou que desejam retomar seus estudos. Utilizar a expressão completa – educação de jovens, adultos **e idosos (EJAI)** – busca promover a igualdade de oportunidades, o que pode ajudar a combater e evitar preconceitos e estereótipos.

Para essa reflexão inicial, vamos dialogar com Paulo Freire. Comecemos esse diálogo destacando que trataremos de alguns elementos que possibilitem uma transformação na EJAI, tornando-a mais atrativa, mais adequada às necessidades dos(as) alunos(as) e mais acolhedora.

O desinteresse pelo estudo requer que olhemos para a realidade. Paulo Freire nos chama atenção para as exigências que a realidade faz em relação à sensibilidade e à competência científica de educadores e educadoras. Uma das exigências destacadas por ele é a necessidade de compreensão crítica do que ocorre na cotidianidade do meio popular. Nesse sentido, não é possível que a prática educativa, envolvendo os conteúdos a serem ensinados, esteja descolada, desconectada do cotidiano dos(as) estudantes da EJAI.

Desse modo, Freire destaca também a relevância de a educação de jovens, adultos e idosos ser capaz de mobilizar os(as) estudantes em direção a objetivos próprios, possibilitando o ensino de conteúdos e, também, a sua conscientização, o que transforma a prática educativa em prática política. O sujeito da EJAI está em busca de algo, e isso precisa ser considerado. Se não for considerado como sujeito cognoscente, muito provavelmente contribuiremos para que não haja motivação nem interesse em permanecer estudando diante de todos os desafios cotidianos.

Significa, então, que devem estar presentes os conteúdos a serem ensinados, mas também a análise da realidade concreta. Para essa análise, o saber trazido pela experiência dos adultos deve ser ampliado e gradativamente superado por um olhar crítico, desenvolvido a partir dos conteúdos ensinados e com a mediação do(a) educador(a).

A leitura crítica do mundo torna-se, assim, alimento imprescindível para as práticas educativas da EJAI. Parte-se dos(as) estudantes adultos(as), cidadãos(ãs), sujeitos trabalhadores na maioria das vezes, respeitando seu cotidiano, seus sonhos e dúvidas como ponto de partida para ampliação dos saberes.

Consideramos que essas primeiras reflexões, feitas com base nas ideias de Paulo Freire, sejam essenciais para pensarmos as transformações necessárias à EJAI e para que, nos sujeitos dessa modalidade de ensino, possa ser cultivado o desejo por permanecer na escola, continuar os estudos e concluir a educação básica. Orientadas por essas reflexões, nós nos dedicaremos a fazer algumas propostas para a educação linguística que possam traçar um caminho de transformações necessárias para o acolhimento e a formação dos(as) estudantes da EJAI.

Diante dessa realidade e considerando o que destacamos sobre a defesa de Paulo Freire de que o saber trazido pela experiência dos adultos deve ser ampliado e de que a cotidianidade dos(as) estudantes jovens, adultos(as) e idosos(as) deve estar presente no ensino dos conteúdos, surgem algumas questões acerca do desenvolvimento de um trabalho pedagógico com esse grupo: qual deverá ser a abordagem da educação linguística nos cursos de Letras e Pedagogia? Qual o significado da educação linguística no contexto da EJAI?

No primeiro capítulo, apresentamos algumas informações introdutórias importantes sobre a realidade da EJAI. Traçamos um panorama da educação de jovens, adultos e idosos na legislação brasileira; propomos algumas discussões sobre como conduzir o trabalho pedagógico com o componente curricular de Língua Portuguesa na EJAI, a partir do que ensinar, da escuta sensível e da interação. Contemplamos também a escuta como forma de diagnóstico para discutirmos o *como ensinar*. E, nessa pedagogia, consideramos fundamentais os gêneros textuais, as sequências didáticas e os roteiros de aprendizagem.

No segundo capítulo, tratamos sobre a alfabetização de jovens, adultos e idosos. Iniciamos o capítulo citando alguns motivos que levam estudantes da EJAI a quererem aprender a ler e escrever e discutimos o que significa ser alfabetizado e letrado. Relacionamos os requisitos básicos para a alfabetização às propriedades do sistema de escrita alfabética (SEA). Propomos a realização de diagnóstico ou sondagem de alfabetização para identificar o que o(a) educando(a) já sabe sobre a escrita alfabética. Ainda nesse capítulo, discutimos método e metodologia para chegarmos à categorização dos métodos de alfabetização e especificarmos com mais detalhe o Método Paulo Freire de Alfabetização. Por fim, concluímos o capítulo com dicas para alfabetizadores(as) de jovens, adultos e idosos.

No terceiro capítulo, discutimos a educação linguística e o papel da escola e organizamos as habilidades e os conhecimentos necessários para cada eixo no ensino-aprendizagem da Língua Portuguesa, considerando suas especificidades (leitura, produção textual, oralidade e conhecimentos linguísticos). Por questões didáticas, apresentamos separadamente cada eixo que deve ser trabalhado ao longo de toda a trajetória educacional.

No quarto capítulo, propomos uma troca de experiências, em que apresentamos o desenvolvimento de propostas para trabalhar a educação linguística em sala de aula com todos os eixos da língua integrados, a partir de sequências didáticas com gêneros textuais e práticas significativas para jovens, adultos e idosos.

No quinto capítulo, o foco é a educação linguística de jovens, adultos e idosos na modalidade de educação profissional, integrada ao ensino médio. Apresentaremos um conjunto de projetos de letramentos desenvolvidos em turmas de EJAI e atividades que partiram do interesse real pela vida dos(as) estudantes.

Na tentativa de fazer o leitor "pôr a mão na massa", cada capítulo se encerra com um conjunto de atividades que se destinam a fazê-lo refletir sobre os temas discutidos e, assim, avançar no seu entendimento da educação linguística na EJAI. As atividades organizam-se em duas partes: na primeira, elas são de reflexão e de análise, no sentido de exercitar o conteúdo desenvolvido ao longo do capítulo; na segunda, oferecem-se propostas de atividades para reflexão sobre a realidade da sala de aula de EJAI e/ou para aplicação nas turmas de educação de jovens, adultos e idosos.

Ao final do livro, após os cinco capítulos centrais, disponibilizamos uma lista de **Bibliografia comentada**, com 15 obras consideradas referências relevantes que, em alguma medida, se ligam aos temas desenvolvidos no livro, sempre convergindo na ideia central de compreender a educação linguística na EJAI.

Nossa intenção com este livro é não apenas apresentar informações teóricas para compreender a realidade da EJAI, mas também mostrar as várias maneiras práticas de proporcionar educação linguística às educadoras e aos educadores que atuam ou atuarão na educação de jovens, adultos e idosos.

Compreendendo a educação de jovens, adultos e idosos

PANORAMA DA EJAI NA LEGISLAÇÃO BRASILEIRA

A educação é um direito consolidado pela Declaração Universal dos Direitos Humanos (Organização das Nações Unidas, 1948), no artigo XXVI, "Toda pessoa tem direito à instrução. A instrução será gratuita, pelo menos nos graus elementares e fundamentais". No Brasil, a Constituição Federal determina, em seu artigo 208, inciso I, modificado pela Emenda Constitucional n. 59, de 2009, "A educação básica obrigatória e gratuita dos quatro aos dezessete anos de idade, **assegurada inclusive a oferta gratuita para todos os que nela não tiveram acesso na idade própria**" (Brasil, 1988).

A Lei de Diretrizes e Bases da Educação, Lei n. 9.394/1996, no artigo 22, prevê a educação de jovens e adultos (EJA) como parte integrante da educação básica, sendo, portanto, dever do Estado disponibilizar vagas nessa modalidade de ensino aos que não foram escolarizados na idade considerada correta. As Diretrizes Curriculares para a educação de jovens e adultos e principalmente o Parecer CNE/CEB n. 11/2000 foram documentos que representaram um verdadeiro marco na inserção dos idosos na EJA, que atualmente é reconhecida como **educação de jovens, adultos e idosos (EJAI)**.

Estruturalmente, a EJAI é uma modalidade da educação básica, que compreende os anos iniciais e finais do ensino fundamental e o ensino médio, destinada ao atendimento de pessoas jovens, adultas e idosas que, ao longo da sua história, não iniciaram ou mesmo interromperam sua trajetória escolar em algum ou em diferentes momentos de sua vida.

A EJAI é constituída por três segmentos: 1º segmento (anos iniciais do ensino fundamental); 2º segmento (anos finais do ensino fundamental); e 3º segmento (ensino médio). A oferta de cada etapa da EJAI é organizada em regime semestral. Nesse caso, cada etapa (ou semestre) corresponde a um ano da educação básica.

> **REFLEXÃO**
> A modalidade denominada educação de jovens, adultos e idosos pode ser destinada à população privada de liberdade, à educação do campo, à educação profissional e pode, ainda, ser ofertada presencialmente ou a distância. **Portanto, trata-se de uma realidade bastante ampla.**

No primeiro segmento, o perfil de atendimento refere-se à alfabetização e à pós-alfabetização de jovens, adultos e idosos. Seu conteúdo corresponde aos anos iniciais do ensino fundamental da educação básica. Esse segmento é composto por estudantes com no mínimo 15 anos de idade, alfabetizados ou não, que tiveram experiências escolares anteriores ou não. O segundo segmento da EJAI é ofertado a estudantes com no mínimo 15 anos de idade, alfabetizados, com nível de conhecimento compatível com os requisitos desse segmento, qual seja, nível de proficiência equiparado ao dos(as) estudantes concluintes do primeiro segmento. O terceiro segmento contempla estudantes com no mínimo 18 anos de idade, que tenham concluído o ensino fundamental ou segundo segmento da EJAI ou equivalente, para o caso de estrangeiros, imigrantes, refugiados, por exemplo, ou concluintes do Exame Nacional para Certificação de Competências de Jovens e Adultos (Encceja), entre outros.

No primeiro segmento da educação de jovens, adultos e idosos, que corresponde aos anos iniciais do ensino fundamental (1º ao 5º ano), é desejável que os(as) professores(as) tenham formação específica em Pedagogia. A formação em Pedagogia, em geral, deve proporcionar aos profissionais as bases teóricas e práticas necessárias para lidar com as peculiaridades tanto de crianças quanto de jovens, adultos e idosos, incluindo planejamento de ensino, desenvolvimento cognitivo e socioemocional, alfabetização, didática, entre outros aspectos que poderão ser encontrados na coleção da qual este livro faz parte.

Nos demais segmentos da EJAI, a responsabilidade pela educação dos(as) estudantes recai sobre os(as) professores(as) licenciados(as) em áreas específicas. Para lecionar no 2º segmento da EJAI, é necessário ter a formação de licenciatura em uma área relacionada às disciplinas ensinadas.

> **ATENÇÃO**
> É importante destacar que a legislação educacional pode variar de acordo com as normas específicas de cada estado ou município. Portanto, é sempre recomendável consultar a legislação local e os órgãos competentes para obter informações específicas sobre a educação de jovens, adultos e idosos de cada região.

Um dos grandes desafios para os(as) educandos(as) e para os(as) educadores(as) dessa modalidade de ensino é a idade bastante variada em uma mesma turma, o que acarreta diferentes realidades de vida, interesses pessoais, linguagens, temas, fatores motivacionais para o estudo etc. O público da EJAI pode ser constituído por jovens estudantes a partir de 15 anos (no 1º e 2º segmento), adultos e idosos de mais de 80 anos em uma mesma sala de aula. É possível também que, na turma, haja estudantes com necessidade de atendimento educacional específico, devido a alguma deficiência, síndrome, distúrbio, déficit, transtorno ou outros.

Todo(a) estudante, em qualquer âmbito, é único(a) em termos de conhecimentos escolares, formação familiar, valores de vida, princípios etc. No entanto, na educação de jovens, adultos e idosos é ainda mais forte a característica da diversidade e multiplicidade dos sujeitos que compõem uma mesma turma e em seus segmentos.

Essas especificidades devem ser consideradas sempre ao se pensar em diretrizes voltadas para a EJAI, com o objetivo de contemplar esse espectro amplo, diverso e particular dos sujeitos atendidos pela modalidade, cujas singularidades devem ser respeitadas.

> **RESUMO DA ESTRUTURA ORGANIZACIONAL DA EJAI**
>
> - **Jovens, adultos e idosos**: o público da EJAI pode ser constituído por jovens estudantes a partir de 15 anos (no 1º e 2º segmento), adultos e idosos.
> - **Três segmentos**: 1º segmento (anos iniciais do ensino fundamental); 2º segmento (anos finais do ensino fundamental); e 3º segmento (ensino médio).
> - **Primeiro segmento da EJAI**: estudante com no mínimo 15 anos de idade, que não necessita estar alfabetizado, nem ter tido experiência escolar anterior.
> - **Segundo segmento da EJAI**: estudante com no mínimo 15 anos de idade, alfabetizado, com nível de conhecimento compatível com os requisitos desse segmento.
> - **Terceiro segmento da EJAI**: estudante com no mínimo 18 anos de idade, concluinte do ensino fundamental, ou segundo segmento da EJAI ou equivalente.
> - **Educação especial**: necessidade de atendimento educacional específico para estudantes da EJAI com deficiência.
> - **EJAI para população privada de liberdade**: para a constituição de pessoas autônomas, críticas e ativas frente à realidade em que se encontram.
> - **EJAI na educação do campo**: deve buscar valorizar os conhecimentos culturais característicos da realidade do campo e do contexto de agricultura familiar, economia solidária, cooperativismo e sustentabilidade.
> - **EJAI ofertada a distância**: a mediação didático-pedagógica dos processos de ensino e aprendizagem é realizada por meio da utilização das tecnologias de informação e comunicação (TIC), com estudantes e professores(as) desenvolvendo atividades educativas em lugares ou tempos diversos; em ambiente virtual de aprendizagem (AVA), mídia e/ou materiais didáticos impressos.
> - **Educação profissional na EJAI**: formação em cursos de qualificação profissional ou técnicos, com o objetivo de ampliar as possibilidades de inserção, reinserção e ascensão no mundo do trabalho.

Além do desafio de considerar a diversidade representada pelos(as) estudantes da EJAI, é necessário nos atentar, ainda, às especificidades do atendimento, de forma a garantir a todos o direito à educação. Nesse sentido, reconhecemos a importância de trabalhar a educação linguística, considerando as peculiaridades da realidade dos sujeitos da EJAI.

COMO CONDUZIR O TRABALHO PEDAGÓGICO DE LÍNGUA PORTUGUESA?

Segundo o que propunha Paulo Freire, devemos ter como objetivo dar ao(à) estudante o estatuto de ator, e não de espectador passivo, para que ele parta da concretude territorialmente vivida e se relacione com os mestres como quem aprende e ensina ao mesmo tempo (Nosella, 2011b: 6). Essas reflexões permitem que pensemos mais detidamente sobre a atuação pedagógica na EJAI e sobre a organização curricular dessa modalidade.

> **REFLEXÃO**
>
> Partindo dos ensinamentos de Freire, que nos apontam a relevância de darmos ao(à) estudante o "estatuto de ator", como conduzir o trabalho pedagógico com o componente curricular de Língua Portuguesa?

Para pensar o ensino de Língua Portuguesa na EJAI, vamos fazer um diálogo com duas autoras: Kleiman (2012) e Bortoni-Ricardo (2005). O significado do ensino da língua materna no contexto da EJAI, para Kleiman, envolve valores e efeitos de uma determinada ordem do poder historicamente produzida nos falantes de minorias sociais no Brasil, às quais os(as) alunos(as) dessa modalidade pertencem.

Nesse sentido, devemos considerar que as diferenças quanto à classe social, aos valores culturais, bem como as diferenças regionais influenciam o comportamento linguístico. Bortoni-Ricardo (2005) aponta que o comportamento linguístico indica a estratificação social. Segundo ela, os grupos sociais são diferenciados pelo uso da língua.

E como fica a escola diante das diferenças linguísticas socialmente condicionadas? Para Bortoni-Ricardo (2005), o ensino da norma culta à grande parcela da população que tem como língua materna as variedades populares da língua não é eficiente e não respeita os antecedentes culturais e linguísticos do(a) educando(a). Diante dessa realidade, para a autora, a escola não pode ignorar as diferenças sociolinguísticas: educadores(as) e educandos(as) precisam estar conscientes de que existem duas ou mais maneiras de dizer a mesma coisa, e que essas alternativas servem a propósitos comunicativos distintos, sendo recebidas de maneira diferenciada pela sociedade:

> Os alunos que chegam à escola falando "nós cheguemu", "abrido" e "ele drome", por exemplo, têm que ser respeitados e ver valorizadas as suas peculiaridades linguístico-culturais, mas têm o direito inalienável de aprender as variantes de prestígio dessas expressões. Não lhes pode negar esse conhecimento, sob pena de se fecharem as portas, já estreitas, da ascensão social. O caminho para uma democracia é a distribuição justa de bens culturais, entre os quais a língua é o mais importante. (Bortoni-Ricardo, 2005: 15)

Para estudantes jovens, adultos e idosos, considerando a perspectiva que se defende neste livro, não é possível, nas aulas de Língua Portuguesa, limitar-se ao desvelamento do sistema linguístico em detrimento do uso da linguagem nas diversas situações de comunicação. Nesse contexto, a gramática normativa não pode ser o objeto privilegiado de ensino, tampouco o conteúdo exclusivo da prática de ensino da língua materna.

Para Kleiman (2012), a aprendizagem da língua escrita e da língua falada culta para jovens e adultos em processo de escolarização tardia equivale a um processo de diglossia em conflito, acarretando perda linguística e cultural e dilemas identitários (Kleiman, 1995, apud Kleiman, 2012). Pode-se entender como diglossia no contexto da educação de jovens, adultos e idosos o conflito existente entre uma língua dominante e outra ou outras línguas dominadas. A dominante é utilizada em relações formais, enquanto as dominadas não são legitimadas nem em livros, nem em gramáticas, nem em dicionários.

Como, então, não reproduzir na sala de aula essa situação de diglossia em conflito? É possível reconstruir realidades sociais, papéis e identidades em sala de aula? Kleiman (2012) aponta que uma das formas de se fazer essa reconstrução é a pedagogia culturalmente sensível (termo postulado por Frederick Erickson em 1987). Segundo Bortoni-Ricardo,

> é objetivo da pedagogia culturalmente sensível criar em sala de aula ambientes de aprendizagem onde se desenvolvam padrões de participação social, modos de falar e rotinas comunicativas presentes na cultura dos alunos. Tal ajustamento nos processos interacionais é facilitador da transmissão do conhecimento, na medida em que se ativam nos educandos processos educativos cognitivos associados aos processos sociais que lhes são familiares. (Bortoni-Ricardo, 2005: 128)

As reflexões feitas até aqui acerca do ensino de Língua Portuguesa justificam a necessidade de que esse ensino seja repensado, em especial se consideramos o público de jovens, adultos e idosos em processo de escolarização tardia.

> **REFLEXÃO**
>
> Para se propor um programa de educação linguística para a EJAI, há de se considerar as diferenças culturais e linguísticas presentes em sala de aula, criando ambientes de aprendizagem onde se desenvolvam, também, padrões de participação social, modos de falar e rotinas comunicativas da cultura dos(as) alunos(as). A adoção da **pedagogia culturalmente sensível** propiciará a criação de condições para o fortalecimento cultural e linguístico dos(as) educandos(as).

Além de levar em consideração essas questões relativas ao ensino de língua materna, um dos objetivos principais da escola é possibilitar que os(as) alunos(as) participem das várias práticas sociais que utilizam a leitura e a escrita (letramentos) de maneira ética, crítica e democrática. Nesse sentido, é preciso que o programa de ensino de Língua Portuguesa da EJAI apresente estratégias que permitam a inclusão dos(as) estudantes em práticas efetivas e relevantes de uso da língua. Essa proposta parte do princípio de que o trabalho com projetos, especificamente projetos de letramento, pode ser uma alternativa didática para atingir esse objetivo.

Os(As) estudantes, quando retomam seus estudos em cursos de EJAI, passam, então, a ser incluídos(as) em práticas escolares de letramento (letramentos dominantes), o que conduz à apropriação de diferentes linguagens e à ampliação de repertórios linguísticos. Será imprescindível, assim, ampliar e democratizar as práticas e os eventos de letramento presentes na escola, bem como o universo e a natureza dos textos que nela circulam.

No caso da educação de jovens, adultos e idosos, o(a) educador(a) deve partir das necessidades e interesses dos sujeitos nos diversos espaços e usos que fazem da língua em diferentes contextos, visando a processos diferenciados de letramentos. As atividades linguísticas em práticas de letramento no contexto escolar devem, pois, ser orientadas pelo uso da língua, o que atribuirá outros sentidos às práticas escolares de leitura e escrita, por trazer a percepção de que as linguagens são indissociáveis dos aspectos culturais. Nessa perspectiva, vale também levar em conta as considerações de Paulo Freire, que nos ensina que a leitura da palavra não é apenas precedida pela leitura do mundo, mas por uma certa forma de "escrevê-lo" ou de "reescrevê-lo", quer dizer, de transformá-lo através de nossa prática consciente.

Como atribuir outros sentidos às práticas escolares de leitura e escrita? Kleiman reforça a importância de o ensino da escrita estar inserido em uma prática significativa, para que faça sentido ao adulto. A pesquisadora sugere os projetos de letramento como organização didática capaz de incluir os(as) estudantes da EJAI em práticas relevantes do uso da língua (Kleiman e Signorini, 2000; Kleiman, 2012). Kleiman entende os projetos de letramento como

> um conjunto de atividades que se origina de um interesse real na vida dos alunos, e cuja realização envolve o uso da escrita, isto é, a leitura de textos que, de fato, circulam na sociedade e a produção de textos que serão lidos, em um trabalho coletivo de alunos e professor, cada um segundo a sua capacidade. O projeto de letramento é uma prática social em que a escrita é utilizada para atingir algum outro fim, que vai além da mera aprendizagem da escrita (a aprendizagem dos aspectos formais apenas), transformando objetivos curriculares como "escrever para aprender a escrever" e "ler para aprender a ler" em ler e escrever para compreender e aprender aquilo que foi relevante para o desenvolvimento e realização do projeto (Kleiman e Signorini 2000: 238).

Considerando, pois, as características dos projetos de letramento, entendemos que, por meio desse recurso, podemos desenvolver propostas de ensino de Língua Portuguesa que façam mais sentido aos jovens, adultos e idosos que voltam aos bancos das escolas. Mais adiante, serão compartilhadas experiências com turmas de EJAI assentadas em práticas de leitura e escrita que possibilitam a esses sujeitos agir no mundo social. A adoção dessa alternativa pedagógica permite um trabalho coletivo, a valorização dos saberes dos(as) educandos(as), a construção do conhecimento por parte dos(as) educandos(as) na execução do projeto mediado pelo(a) educador(a), a escuta dos(as) educandos(as), a participação de todos e a sugestão de conteúdos programáticos importantes no decorrer das atividades propostas no projeto pelos(as) educandos(as).

O QUE ENSINAR?

Para sermos coerentes com as ideias de Freire que estão orientando este livro, precisamos considerar que existem conteúdos e objetivos apresentados previamente em um projeto pedagógico para o ensino de Língua Portuguesa, mas que não podem ser pré-determinados sem que reconheçamos as necessidades educacionais dos(as) estudantes, bem como seus interesses, desejos e suas experiências educacionais. Dessa forma, apesar de temos uma proposta de objetivos e conteúdos no projeto do curso, o planejamento que será feito para seu desenvolvimento dependerá das necessidades dos(as) estudantes.

Defendemos, então, que o planejamento pedagógico não pode prescindir de uma investigação, de um diagnóstico realizado no contexto educacional real para, assim, identificar a necessidade educacional dos(as) estudantes da EJAI, seus anseios e sua cotidianidade.

ESCUTA SENSÍVEL E INTERAÇÃO

Para fazer um levantamento das necessidades educacionais do público da EJAI, precisamos valorizar a escuta, que muitas vezes não tem um espaço privilegiado – como deveria ter – em nossos currículos e práticas pedagógicas. A escuta é a porta de entrada para o acolhimento e para a criação do pertencimento dos(as) estudantes da EJAI ao contexto escolar, o que é essencial quando tratamos de sujeitos que já sofreram processos de exclusão. A escuta sensível (Barbier, 2004), que pressupõe empatia, reconhece e aceita o outro sem julgá-lo, valoriza as palavras ditas, independentemente de quem as pronuncia.

Reconhecendo a necessidade de construção desse lugar da escuta, podemos dialogar com Dunker e Thebas (2019), que sugerem quatro modalidades para a escuta: i) acolher o que o outro diz; ii) cuidar do que se disse; iii) permitir ser quem se é, abrindo-se ao estrangeiro em nós e no outro; iv) carregar, compartilhar e transmitir experiência vivida.

> **REFLEXÃO**
>
> Criar o lugar da escuta pressupõe valorizar a voz do outro, acolhê-la, respeitá-la.

Sobre a interação entre professor(a) e estudante, Masetto (1997) destaca que o modo de agir do(a) professor(a) em sala de aula estabelece um tipo de relação com os(as) estudantes que colabora (ou não) para o desenvolvimento buscado pela escola. Nesse sentido, o autor apresenta alguns exemplos de ações do(a) professor(a) que podem criar uma relação com alunos e alunas marcada pelo trabalho em equipe, participação, maturidade, criatividade e que propicie a autonomia:

i. Favorecer situações em classe nas quais os(as) alunos(as) se sinta à vontade para expressar suas opiniões e pontos de vista;
ii. Compartilhar com a classe a busca de soluções para problemas que surgem com um determinado conteúdo, com o(a) professor(a), com o programa ou com os colegas;
iii. Respeitar e fazer respeitar diferenças de opinião;
iv. Incentivar a participação, a iniciativa, a cooperação dos(as) alunos(as) com os(as) colegas;
v. Demonstrar que há explicações diversas para um mesmo fenômeno observado;
vi. Relacionar os temas estudados com as vivências dos(as) alunos(as);
vii. Solicitar a colaboração dos(as) alunos(as);
viii. Fazer o planejamento do curso juntamente com a classe.

As sugestões do autor vão ao encontro do que defendemos aqui no que se refere à construção de espaço de escuta e de interação para turmas de EJAI.

A lógica de avaliação à qual pertence a avaliação diagnóstica é aquela que se preocupa com o processo de apropriação de saberes dos(as) alunos(as), com os diferentes caminhos que percorre em sua aprendizagem, mediados pela intervenção ativa do(a) professor(a), que, a partir da adequação das aprendizagens, pode reverter um eventual fracasso e (re)inserir o(a) aluno(a) no processo educativo, promovendo, dessa forma, a (re)inclusão.

Acreditamos que a avaliação diagnóstica poderá ser uma aliada como recurso de aprendizagem. Para que a avaliação seja utilizada dessa maneira, precisamos utilizar a concepção formativa. Essa concepção de avaliação, que tem como foco promover a aprendizagem, parte do princípio de que todas as pessoas são capazes de aprender e de que as ações educativas, as estratégias de ensino e os conteúdos das disciplinas devem ser planejados a partir dessas possibilidades de aprendizagem dos(as) estudantes. Como fazê-la? Como planejá-la? Quais instrumentos utilizar e como utilizá-los?

> **REFLEXÃO**
>
> Na avaliação formativa, tomamos como referência o(a) aluno(a), ou seja, consideramos em que ponto ele se encontra em seu processo de aprendizagem. Dessa forma, para analisar seu progresso, devemos considerar o esforço despendido, o contexto particular do seu trabalho, o progresso alcançado ao longo do tempo. Nesse processo, torna-se imprescindível o *feedback* do(a) professor(a), ou seja, é preciso que o(a) professor(a) oriente o(a) aluno(a) após analisar suas produções visando ao avanço da aprendizagem.

Para que essa orientação possa ser dada aos(às) estudantes, precisamos saber como lidar com o erro deles, suas dificuldades e brechas nos conhecimentos. O que na avaliação classificatória é apenas visto como "erro", passível de repreensão, na avaliação formativa transforma-se em importantes informações que nos trarão um diagnóstico do que ainda é preciso fazer para atingir os objetivos de aprendizagem definidos em cada momento do processo educativo.

Como definir, então, **o que ensinar**, considerando o que está previsto no projeto pedagógico do curso e partindo da escuta e da avaliação diagnóstica? Propomos aqui um diálogo entre o currículo prescrito e as demandas específicas dos(as) estudantes e da turma, identificadas por meio de uma avaliação diagnóstica inicial e pelo paradigma da avaliação formativa, continuada.

Sendo assim, é possível realizar a seleção e a organização dos conteúdos educacionais, considerando também o que está prescrito no projeto do curso. Nesse movimento dialógico, é possível que conteúdos sejam inseridos, outros ganhem mais ou menos ênfase, conforme as necessidades educacionais da turma. Temos, então, um planejamento que levará em consideração aquilo que cada um e cada uma traz, mas que permitirá a ampliação dos conhecimentos dos(as) estudantes.

Ao definir o que ensinar, nesse diálogo, é importante também considerar o que Zabala (1998) apresenta em relação à tipologia dos conteúdos educacionais. Em uma perspectiva de formação integral, precisamos promover a formação dos sujeitos da EJAI levando em consideração as esferas de conteúdos de aprendizagem:

Tabela 1 – Tipologia de conteúdos educacionais de acordo com Zabala, 1998.

Conteúdos factuais	Conceitos e princípios
Por conteúdos factuais se entende o conhecimento de fatos, acontecimentos, situações, dados e fenômenos concretos e singulares: a idade de uma pessoa, a conquista de um território, a localização ou altura de uma montanha, os nomes, os códigos, os axiomas, um fato determinado num determinado momento, etc. Por muitas vezes esse conteúdo tem caráter arbitrário, portanto não necessitam de uma compreensão, aprende-se pela cópia e memorização. (Zabala, 1998: 41)	A aprendizagem de conceitos ou princípios deve ser o mais significativa possível, provocando um verdadeiro processo de elaboração e construção pessoal do conceito, ou seja, o aluno deverá ser capaz de interpretar, compreender e expor esses conceitos. (Zabala, 1998: 42)
Conteúdos procedimentais	Conteúdos atitudinais
Um conteúdo procedimental [...] é um conjunto de ações ordenadas e com um fim, quer dizer, dirigidas para a realização de um objetivo. São conteúdos procedimentais: ler, desenhar, observar, calcular, classificar, traduzir, recortar, saltar, inferir, espetar, etc. (Zabala, 1998: 43)	Os conteúdos atitudinais englobam valores, normas e atitudes. (Zabala, 1998: 43). Estão relacionados aos aspectos socioemocionais e afetivos, envolvendo a formação de valores éticos, a empatia, o respeito, a cooperação, a responsabilidade, entre outros.

É importante destacar que esses conteúdos estão inter-relacionados e não só podem como devem ser trabalhados de forma integrada nas práticas educativas, uma vez que o equilíbrio entre eles contribui para uma aprendizagem mais significativa, abrangendo não somente o conhecimento intelectual, mas também as habilidades e atitudes necessárias para a formação integral dos seres humanos.

COMO ENSINAR?

Seguindo as reflexões aqui propostas, uma vez definidas as estratégias de seleção e organização do que ensinar, entramos nas questões relacionadas ao **como ensinar**.

Elementos importantes do processo de como ensinar foram destacados anteriormente: escuta, interação, acolhimento. Vale ainda destacar que, logo no início do ciclo, ganha relevância também o processo de ambientação, isto é, de inserção do(a) estudante da EJAI no contexto escolar.

Essa ambientação será potencializada pelo processo diagnóstico inicial, mas cabe valorizar também, nessa etapa inicial, o desenvolvimento de conteúdos atitudinais, que devem estar presentes ao longo da formação: engajamento em questões do mundo real e cidadania ativa, reconhecimento da condição de trabalhador(a), postura para a aprendizagem, pensamento crítico.

> **REFLEXÃO**
>
> Na perspectiva da **pedagogia dos letramentos críticos**, os(as) estudantes são envolvidos(as) como atores sociais em um processo de ensino-aprendizagem que não considera conceitos e fatos de forma isolada, mas sim inseridos no contexto das práticas sociais e de seu uso.

O trabalho pedagógico calcado no pensamento crítico coaduna-se com a perspectiva freiriana, visto que deve considerar questões de interesse pessoal, local, regional e global no contexto de identificar problemas e desafios atuais.

Kalantzis, Cope e Pinheiro (2020) apresentam discussões que permitem que mapeemos as principais características presentes em uma prática pedagógica calcada na perspectiva dos letramentos na abordagem crítica. A seguir, apresentamos uma síntese com base nesses autores.

Tabela 2 – Pedagogia dos letramentos na abordagem crítica

Agir sobre questões e problemas reais no mundo	
Estudante participativo, ativo	
Transformação pessoal e social	
Dimensão 1: Os conteúdos do conhecimento de letramentos	Orientação crítica para o mundo; aprendendo sobre diferenças de linguagem, poder, cultura popular e novas mídias.
Dimensão 2: A organização do currículo de letramentos	Apoio à agência do aprendiz; foco no propósito de construção de significados.
Dimensão 3: Aprendizes praticando letramentos	Envolvimento com questões do mundo real; experiências de cidadania ativa; criação de textos que se engajem no mundo.
Dimensão 4: As relações sociais da aprendizagem de letramentos	Usando letramentos para assumir o controle sobre as condições da própria vida; ser um criador de significado adepto também das novas mídias.

Ancorando-nos na abordagem crítica da pedagogia dos letramentos, nossa proposta é de que o planejamento das atividades de Língua Portuguesa considere a organização dos conteúdos em projetos de ensino. Os projetos de ensino caracterizam-se pelo desenvolvimento de um conjunto de: a) atividades realizadas em sala de aula que estejam articuladas por meio de propostas de trabalhos inter, multi ou transdisciplinares, em articulação entre dois/duas ou mais docentes e/ou b) de atividades extraclasse e/ou c) atividades que culminem na criação/apresentação de um produto.

Unindo a perspectiva de projetos de ensino com a perspectiva dos letramentos críticos, podemos considerar a proposta de Angela Kleiman de projetos de letramento como uma possibilidade capaz de potencializar as aprendizagens dos(as) estudantes da EJAI, uma vez que, na referida proposta, temos o foco na voz e na agência e o diálogo com as questões do mundo real – locais, regionais, nacionais ou globais.

Para o desenvolvimento do projeto de letramento, é possível organizar sequências didáticas e/ou roteiros de atividades.

O QUE SÃO SEQUÊNCIAS DIDÁTICAS? COMO ORGANIZÁ-LAS?

Uma sequência didática é um conjunto de atividades articuladas que são planejadas com a intenção de atingir determinado objetivo didático. A organização da sequência didática pode ser em torno de um gênero textual (oral ou escrito) ou de um conteúdo específico, dependendo dos objetivos que se pretende alcançar ante as necessidades dos(as) estudantes, reconhecidas mediante o diagnóstico.

> Em uma sequência didática, considerando a perspectiva por nós adotada, precisamos ter em mente os seguintes princípios: valorização dos conhecimentos prévios dos(as) estudantes; ensino centrado na problematização e na abordagem crítica da pedagogia dos letramentos; ensino centrado na escuta, na interação e na sistematização de saberes; atividades diversificadas, desafiadoras, com progressão (das mais simples às mais complexas) e que envolvam questões do mundo real.

Roteiros de aprendizagem são instrumentos elaborados pelo(a) professor(a) a fim de orientar o estudo dos(as) alunos(as). Os roteiros favorecem o engajamento e a autonomia dos(as) estudantes, além de contribuir para que desenvolvam estratégias de sistematização de estudo para alcançar os objetivos de aprendizagem propostos pelo(a) professor(a).

GÊNEROS TEXTUAIS

Os gêneros textuais, conforme propõem Schnewly e Dolz (2004), são o modo como os interlocutores realizam uma prática de linguagem. As pessoas são capazes de reconhecer diversos gêneros textuais, como uma história em quadrinhos, uma fábula, uma bula de remédio, um rótulo etc. Além de ensinar a ler e compreender diversos gêneros textuais, é dever da escola também ensinar a produzir diferentes gêneros textuais orais e escritos, como um debate, uma entrevista, uma carta, um anúncio etc. Insistimos no fato de que um gênero está articulado a uma situação de comunicação e tem três características fundamentais: a primeira é o fato de se adaptar às condições de produção; a segunda, de compartilhar uma estrutura organizacional próxima ou comum a outros textos da mesma família; a terceira é a configuração de unidades linguísticas que nos permite reconhecer o texto como um elemento da mesma família. Ou seja, sempre que nos comunicamos, o fazemos por meio de um gênero, ainda que não saibamos nomeá-lo.

O gênero textual, que é instrumento sociocultural, deve se transformar em ferramenta didática, e a modelização didática dos gêneros possibilita retomar as dimensões características do construto histórico das práticas sociais. Em resumo, os gêneros são manifestações das práticas de linguagem numa situação de comunicação. Devemos aproximar os gêneros trabalhados na escola das práticas de referência da sociedade, porque a escola deve estar em sintonia com essas práticas de linguagem efetivas e reais.

ATIVIDADES

PARTE 1
Atividades de compreensão e reflexão

Na primeira parte deste capítulo, apresentamos as bases legais e teóricas sobre a educação de jovens, adultos e idosos. A partir daí, estabelecemos como estudo a educação linguística crítica, contemplando os principais temas que ensejam uma investigação segura desse objeto e propondo procedimentos metodológicos compatíveis com nossos objetivos, que é o estudo da educação linguística de jovens, adultos e idosos. As atividades que oferecemos agora vão na direção de fazer refletir sobre o que temos discutido até aqui.

Atividade 1

Abrimos o capítulo apresentando um panorama da educação de jovens, adultos e idosos na legislação brasileira. Mostramos que a nossa Carta Magna, a Constituição Federal, e a Lei de Diretrizes e Bases da Educação, Lei n. 9.394/1996, preveem a EJAI como parte da educação básica. Considerando a realidade social brasileira, reflita: por que a estrutura educacional do Brasil precisa prever a EJAI? Será que outros países também oferecem uma estrutura oficial de ensino de educação de jovens, adultos e idosos?

Atividade 2

Após a leitura do primeiro capítulo, identifique qual formação uma educadora ou um educador deve ter para atuar na educação de jovens, adultos e idosos. Depois disso, busque relacionar quais características pessoais você considera importantes ao educador(a) que irá atuar na EJAI.

Atividade 3

O(A) professor(a) que atua na turma de EJAI terá objetivos e conteúdos de aprendizagem previstos no currículo ou no projeto da escola ou do curso, mas o planejamento que será feito para seu desenvolvimento dependerá das necessidades dos(as) estudantes. Para isso, o planejamento pedagógico precisará de um diagnóstico realizado no contexto educacional para, assim, identificar a necessidade educacional dos(as) estudantes da EJAI, seus anseios e sua cotidianidade. Levando isso em consideração, como conduzir o trabalho pedagógico com o componente curricular de Língua Portuguesa na educação de jovens, adultos e idosos, dando ao(à) estudante o "estatuto de ator"?

Atividade 4

Os conteúdos ensinados na educação de jovens, adultos e idosos devem estar inter-relacionados e devem ser trabalhados de forma integrada às práticas educativas, já que isso contribui para uma aprendizagem mais significativa. Como você poderia aplicar a tipologia dos conteúdos educacionais de Zabala (1998) em suas aulas na EJAI, considerando a importância de trabalhar os aspectos conceituais, procedimentais e atitudinais para uma aprendizagem significativa e integral dos seus(suas) alunos(as)?

Atividade 5

Na Pedagogia dos letramentos na abordagem crítica, o letramento é entendido como uma prática social e política, envolvendo não somente a aquisição de conhecimentos técnicos, mas também a compreensão dos contextos sociais, históricos e culturais em que a leitura e a escrita ocorrem. Especialmente na educação de jovens, adultos e idosos, a Pedagogia dos letramentos na abordagem crítica desempenha um papel fundamental, porque possibilita que os(as) educandos(as) não só adquiram as habilidades de leitura e escrita necessárias para a participação plena na sociedade, mas também desenvolvam uma consciência crítica sobre as estruturas de poder e desigualdades sociais e possam, assim, se engajarem de forma ativa na transformação social. Como a Pedagogia dos letramentos na abordagem crítica pode ser aplicada de forma efetiva nas aulas da EJAI, considerando os objetivos de promover uma leitura crítica, reflexiva e engajada dos(as) alunos(as) e capacitá-los(as) como agentes de transformação social?

PARTE 2
Exercícios críticos/reflexivos

Gostaríamos de convidar você para, a partir da leitura do texto até aqui, colocar-se no lugar de uma professora que atua na educação de jovens, adultos e idosos para refletir criticamente e discutir as questões seguintes.

Atividade 1

A lógica de avaliação a qual pertence a avaliação diagnóstica se preocupa com o processo de apropriação de saberes dos(as) educandos(as), isto é, com os diferentes caminhos que percorrem em sua aprendizagem, mediados pela intervenção ativa do(a) professor(a), que poderá ser uma aliada como recurso de aprendizagem. Para que a avaliação seja utilizada como mais um recurso de aprendizagem, precisamos utilizar a concepção formativa. Essa concepção de avaliação parte do princípio de que todas as pessoas são capazes de aprender e de que as ações educativas, as estratégias de ensino e os conteúdos das disciplinas devem ser planejados a partir dessas possibilidades de aprendizagem dos(as) estudantes, uma vez que ela tem como foco promover a aprendizagem. Como fazê-la? Como planejá-la? Quais instrumentos utilizar e como utilizá-los?

Atividade 2

Como vimos ao longo deste capítulo, gêneros textuais são diferentes formas de organização que encontramos no dia a dia nas práticas sociais cotidianas. Eles são produzidos para diferentes situações de comunicação oral e escrita, como conversas via WhatsApp, e-mails, receitas, cartas, propagandas, notícias, entre outras. Como o conhecimento e a prática de diferentes gêneros textuais podem ser significativos para a competência comunicativa de jovens, adultos e idosos em suas vidas pessoais e profissionais?

Atividade 3

Em que medida o trabalho com gêneros textuais pode contribuir para a valorização da cultura e das experiências dos jovens, adultos e idosos? Como a utilização de gêneros textuais autênticos e significativos pode motivá-los a se engajarem na aprendizagem da leitura e da escrita de forma mais efetiva? Que gêneros textuais você considera que seriam relevantes para os(as) seus(suas) alunos(as)? Que gêneros você selecionaria para o ensino e como os organizaria ao longo do currículo, pensando em progressões curriculares?

Atividade 4

Como o planejamento do ensino a partir de sequências didáticas e roteiros de aprendizagem pode potencializar o processo de aprendizagem, promovendo a progressão e a autonomia dos(as) estudantes no desenvolvimento de habilidades linguísticas? Pense em um tema para uma sequência didática que você considera que poderia ser interessante para estudantes da educação de jovens, adultos e idosos.

Atividade 5

Que sugestões você poderia oferecer para tornar as práticas educativas desenvolvidas na escola mais atrativas, de forma que seus(suas) alunos(as) possam ver sentido em permanecer nela até concluir a educação básica?

A alfabetização na EJAI

MOTIVOS QUE LEVAM ESTUDANTES DA EJAI A QUERER APRENDER A LER E ESCREVER

Há diferentes motivos que levam jovens, adultos e idosos a abandonarem a escola ou a serem abandonados por ela. Cada ser humano é único e tem uma história de vida, mas algumas histórias se repetem, mesmo que com suas especificidades. Muitos jovens, adultos e idosos pararam de estudar na infância ou na juventude porque precisavam trabalhar para ajudar a família ou moravam longe do local da escola. Milhares de mulheres abandonaram a escola por medo ou vergonha, porque engravidaram na adolescência ou precisaram cuidar do filho. Idosas que se casaram muito cedo e tiveram vários filhos precisaram parar de estudar para cuidar deles e da casa. Outros milhares de estudantes tiveram dificuldades na aprendizagem do conteúdo curricular proposto pela escola, diversas retenções ou reprovações, sentimento de não pertencimento àquele local e sentiram-se, naturalmente, expulsos das escolas. Outras pessoas com algum tipo de deficiência física ou intelectual não permaneceram por falta de adaptação adequada às suas necessidades educacionais específicas. Outros jovens, por terem estado em situação de restrição ou privação de liberdade por prática infracional, também acabaram parando de estudar.

E há, certamente, muitos motivos que levam essas pessoas a querer voltar a estudar. As motivações pessoais variam, mas há justificativas comuns, especialmente no primeiro segmento da EJAI. Muitas pessoas querem simplesmente aprender a ler e escrever para realizar atividades cotidianas com mais autonomia, como pegar um ônibus, ler uma receita médica, buscar informações em sites da internet, saber preencher formulários para conquistar seus direitos, assinar seu nome na carteira de identidade, tirar carteira de motorista, saber votar nas eleições, escrever mensagens no WhatsApp, escrever uma lista de compras ou outros desejos básicos.

Outras pessoas buscam as salas de aula da EJAI com o objetivo de conquistar um primeiro trabalho, obter melhores oportunidades de emprego ou melhorar na carreira, uma vez que saber ler, escrever e fazer contas são exigências de muitas profissões. Em muitos outros casos, trata-se de um desejo pessoal para poder se envolver em atividades comunitárias, como realizar leituras na missa ou ser capaz de ler a Bíblia; poder ler, compreender e seguir uma receita culinária; ler jornais e revistas; interagir nas redes sociais ou simplesmente se conectar com outras pessoas por meio da escrita.

E, junto de muitos desses desejos, há a expressão da realização pessoal, para mostrar aos filhos e netos sua força de vontade e capacidade de aprender. Em diversos casos, muito além da conquista de um diploma, está o sonho de aprender a ler e escrever.

> **REFLEXÃO**
>
> Saber ler e escrever é fundamental para a pessoa viver melhor, aprender mais, relacionar-se melhor com o mundo, descobrir coisas maravilhosas, enxergar!

A leitura e a escrita abrem portas para um mundo de conhecimentos; proporcionam desenvolvimento intelectual e social; tornam possível, por exemplo, conhecer pessoas, divertir-se, buscar e conquistar direitos, cumprir deveres, cuidar da saúde física e mental, cultivar a fé, alimentar-se bem e relacionar-se bem consigo mesmo e com os outros. Esses são alguns dos motivos que levam jovens, adultos e idosos que não tiveram oportunidade de concluir a escolarização básica na idade esperada a voltarem para a sala de aula, agora em uma turma de EJAI.

O QUE SIGNIFICA SER ALFABETIZADO E LETRADO

Ser "alfabetizado" já passou por diferentes definições ao longo do tempo no Brasil. Há alguns anos, bastava que a pessoa soubesse assinar o próprio nome para ser considerada alfabetizada. Atualmente, de acordo com o Instituto Brasileiro de Geografia e Estatística (IBGE), uma pessoa é considerada alfabetizada quando consegue ler e compreender um pequeno texto e quando consegue se expressar por escrito por meio de um pequeno texto, como um bilhete, além de ser capaz de realizar tarefas básicas que envolvam a leitura e a escrita no dia a dia.

Magda Soares, uma das maiores autoridades em alfabetização em nosso país, na obra *Alfaletrar*, também publicada pela Editora Contexto, organiza um quadro bastante didático, com as definições de alfabetização e letramento (Soares, 2020: 27):

ALFABETIZAÇÃO	LETRAMENTO
Processo de apropriação da "tecnologia da escrita", isto é, do conjunto de técnicas – procedimentos, habilidades – necessárias para a prática da leitura e da escrita: domínio do sistema de representação que é a escrita alfabética e das normas ortográficas; habilidades motoras de uso de instrumentos de escrita (lápis, caneta, borracha...); aquisição de modos de escrever e de modos de ler – aprendizagem de uma certa postura corporal adequada para escrever ou para ler, habilidades de escrever ou ler, seguindo convenções de escrita, tais como: a direção correta da escrita na página (de cima para baixo, da esquerda para a direita); a organização espacial do texto na página e manipulação correta e adequada dos suportes em que se escreve e nos quais se lê – livro, revista, jornal, papel etc.	Capacidade de uso da escrita para inserir-se nas práticas sociais e pessoais que envolvem a língua escrita, o que implica habilidades várias, tais como: capacidade de ler ou escrever para atingir determinados objetivos – para informar ou informar-se, para interagir com outros, para imergir no imaginário, no estético, para ampliar conhecimentos, para seduzir ou induzir, para divertir-se, para orientar-se, para dar apoio à memória etc.; habilidades de interpretar e produzir diferentes tipos e gêneros de textos; habilidades de orientar-se pelas convenções de leitura que marcam o texto ou de lançar mão dessas convenções ao escrever; atitudes de inserção efetiva no mundo da escrita, tendo interesse e prazer em ler e escrever, sabendo utilizar a escrita para encontrar ou fornecer informações e conhecimentos, escrevendo ou lendo de forma diferenciada segundo as circunstâncias, os objetivos, o interlocutor.

> **ATENÇÃO**
>
> Alfabetizar e letrar são duas ações distintas, mas não inseparáveis. O ideal é alfabetizar letrando: ensinar a ler e escrever no contexto das práticas sociais da leitura e da escrita, de modo que o indivíduo se torne, ao mesmo tempo, alfabetizado e letrado.

REQUISITOS BÁSICOS PARA A ALFABETIZAÇÃO

Existem alguns requisitos básicos que são fundamentais para os processos de alfabetização. Muitas vezes, quando se fala de alfabetização, as pessoas só imaginam o aprendizado da leitura e da escrita. Mas há detalhes significativos, que podem passar despercebidos pelas pessoas já alfabetizadas, como, por exemplo, compreender os modos de ler e de escrever. Isto é, saber que, nas línguas ocidentais, a leitura e a escrita são feitas de cima para baixo e da esquerda para a direita.

É necessário saber também que, em uma folha com linhas, deve-se escrever no espaço entre as linhas com letra de tamanho adequado, deve-se respeitar as margens, deve-se observar o espaçamento entre linhas e entre as palavras.

Outra habilidade fundamental é saber utilizar os instrumentos da escrita, como lápis ou caneta, borracha e apontador. É necessário saber onde segurar, a força e a velocidade que se deve utilizar. Esses conhecimentos se relacionam à coordenação motora fina e serão necessários para a escrita.

Há outros requisitos primordiais, como o desenvolvimento da consciência fonológica (saber relacionar os sons da fala ou fonemas com as letras, sílabas ou palavras); o domínio das propriedades do sistema de escrita alfabética (que serão apresentadas adiante) e das normas ortográficas; a leitura fluida, com compreensão, entre outros.

A coordenação motora fina como requisito para a escrita

No tópico anterior, citamos alguns requisitos fundamentais para os processos de alfabetização. Aqui, vamos nos deter com mais detalhes na coordenação motora fina, que é a habilidade de usar de forma precisa os pequenos músculos das mãos, para manusear objetos, recortar, costurar, desenhar, pintar e, claro, escrever. As educadoras que atuam no início da escolarização propõem atividades para favorecer esse desenvolvimento: fazer bolinha com papel crepom, colar essas pequenas bolinhas em um local delimitado (como um desenho para colorir), pegar milho, feijão e outros pequenos objetos e colocar em uma tampinha de garrafa ou colar em um desenho, colocar macarrão em um barbante (para fazer um colar ou pulseira), pintar com pincéis, esponjas, giz de cera, recortar imagens, cobrir pontilhados, fazer traçados entre duas linhas, pintar respeitando os limites de uma imagem, fazer dobraduras etc.

Todas essas atividades, que podem parecer meramente lúdicas ou úteis apenas para preencher o tempo, têm papel fundamental no aprimoramento da coordenação motora fina, especificamente no movimento de pinça, que é uma habilidade essencial para as mãos serem utilizadas na escrita.

Pode parecer que a necessidade de refinamento da coordenação motora fina seja restrita a crianças, já que os adultos teriam superado tais dificuldades com o amadurecimento do desenvolvimento motor. No entanto, mais do que recortar, pintar, desenhar, a habilidade de escrita envolve uma série de atividades complexas, como atenção, sustentação dessa atenção, sequência, memória, imitação – em suma, habilidades exigidas para o desenvolvimento cognitivo. Com muita frequência, adultos e idosos não alfabetizados relatam que até conseguem ler "alguma coisa", mas não conseguem escrever, porque esquecem o traçado das letras. Essa dificuldade atribuída à "falta de memória" pode (também) estar relacionada à coordenação motora fina.

Para muitos adultos e idosos que não sabem ler e escrever, pode ser bastante desafiadora a habilidade de fazer o movimento de pinça para segurar o lápis, saber colocar a força necessária para a escrita (nem muito forte, para não marcar demais a folha de papel e não cansar a mão, nem fraco demais, para não dificultar a leitura do que foi escrito, porque as letras não aparecem direito na folha), respeitar o traçado das letras sem tremer, conhecer a ordem do movimento para fazer a letra cursiva ou a letra caixa alta legível, além da velocidade adequada da escrita.

O(A) professor(a) alfabetizador(a) pode desenvolver testes, além de se apoiar na observação, para identificar como é a habilidade básica da escrita do jovem, adulto ou idoso em processo de alfabetização. O *Movement Assessment Battery for Children-2* (MABC-2) é um exemplo de teste internacional de coordenação motora, que propõe uma bateria de avaliação do movimento para apoiar profissionais a auxiliar pessoas com dificuldades motoras. O principal objetivo do teste é a identificação de comprometimento no desenvolvimento motor, para auxiliar os profissionais no planejamento de atividades de intervenção.

Na educação de jovens, adultos e idosos, o(a) educador(a) deve observar como é a escrita do(a) estudante. Algumas formas inadequadas de segurar o lápis e algumas dificuldades de escrita podem impactar negativamente o processo de alfabetização, como uma pega na caneta ou lápis firme demais (que pode dar calo no dedo) ou fraca demais (que tornará a escrita ilegível); mão cansada ao escrever; falta de velocidade ao escrever, dificuldade para copiar palavras; dimensionamento inadequado das palavras (escrita grande demais ou pequena); espaçamento inadequado entre linhas, palavras ou letras; dificuldades em visualizar as palavras antes ou durante a escrita; posição incomum do corpo ou da mão ao escrever; letra ilegível; necessidade de falar as palavras em voz alta enquanto escreve; omissão de letras e palavras de frases, entre outras.

Essas dificuldades podem ser identificadas pela observação atenta do(a) educador(a) e até pelo relato dos(as) próprios(as) alfabetizandos(as). É muito importante buscar meios concretos para que o jovem, adulto ou idoso superem tais dificuldades de escrita, que podem afetar diretamente seu processo de alfabetização.

Propriedades do sistema de escrita alfabética

Como o domínio do sistema de escrita alfabética (SEA) é a base da alfabetização, é importante que o(a) alfabetizador(a) conheça com clareza as propriedades do SEA, para planejar e desenvolver atividades que possam proporcionar aos(às) alfabetizandos(as) a compreensão das propriedades do princípio alfabético.

Propriedades do sistema de escrita alfabética (SEA)

1. Escreve-se com letras que não podem ser inventadas, que têm um repertório finito, que são diferentes de números e de outros símbolos;
2. As letras têm formatos fixos e pequenas variações produzem mudanças na identidade delas (p, q; b, d; m, n), embora uma letra assuma formatos variados (com fontes diferentes);
3. A ordem no interior das palavras não pode ser mudada (gato é diferente de gtao);

4. Uma letra pode se repetir no interior de uma palavra (banana) e em diferentes palavras (Ana, banana), ao mesmo tempo que distintas palavras compartilham as mesmas letras (bala, bola, bota, gola, gota);
5. Nem todas as letras podem ocupar certas posições no interior das palavras ("ç" não pode ocupar a posição inicial de uma palavra; a letra "q" normalmente é seguida pela letra "u" em palavras portuguesas, formando o dígrafo "que" e "qui", e nunca "qe", "qi") e nem todas as letras podem vir juntas de quaisquer outras;
6. As letras notam ou substituem a pauta sonora das palavras que pronunciamos e não levam em conta as características físicas ou funcionais dos referentes que substituem;
7. As letras notam segmentos sonoros menores que as sílabas orais que pronunciamos;
8. As letras têm valores sonoros fixos, apesar de muitas terem mais de um valor sonoro e certos sons poderem ser notados com mais de uma letra;
9. Além de letras, na escrita de palavras, usam-se também algumas marcas (acentos) que podem modificar a tonicidade ou o som das letras ou sílabas onde aparecem;
10. As sílabas podem variar quanto às combinações entre consoantes e vogais, mas a estrutura predominante no português é a sílaba CV – consoante-vogal –, e todas as sílabas do português contêm ao menos uma vogal.

Algumas estratégias podem ajudar no processo de apropriação das propriedades do sistema de escrita alfabética, como, por exemplo, à medida que os(as) alunos(as) começam a aprender palavras, eles(as) devem ser incentivados(as) a identificar as sílabas e as letras individuais dentro delas. Além de praticar a leitura, é necessário praticar a escrita, uma vez que são habilidades diferentes. Também pode ser significativo o(a) alfabetizador(a) ler um texto em voz alta enquanto os(as) alfabetizandos(as) acompanham visualmente as palavras, apontando com o dedo, destacando a correspondência entre os sons das palavras e as letras. Essa estratégia é interessante, porque dá ao(à) alfabetizando(a) a sensação de já estar lendo, o que pode motivá-lo(a) a querer aprender mais.

Conforme o perfil da turma, pode ser interessante utilizar jogos educacionais e atividades interativas que envolvam identificação de letras e sílabas, formação de palavras e correspondência letra-som. Dependendo do modo como as atividades são desenvolvidas, o aprendizado pode se tornar mais interativo, divertido e envolvente.

Essas e outras práticas devem ser realizadas regularmente para trabalhar o sistema de escrita alfabética com os(as) alunos(as), de modo a ajudar a reforçar o conhecimento e a desenvolver habilidades de forma gradual. Além dessas atividades próprias de alfabetização, o(a) alfabetizador(a) deve proporcionar exercícios frequentes de leitura e escrita, em que os(as) alunos(as) são incentivados(as) a aplicar suas habilidades em situações reais, como escrever cartas, ler instruções ou fazer listas.

DIAGNÓSTICO OU SONDAGEM DE ALFABETIZAÇÃO

No cotidiano, a palavra "diagnóstico" é mais associada ao diagnóstico de doenças. Mas esse não é o sentido único ou essencial do termo. Na educação, um diagnóstico serve como ponto de partida para a organização de conteúdos e atividades a serem trabalhados e é uma das mais importantes modalidades de avaliação, porque um bom diagnóstico pode desencadear o (re)planejamento de ações a favor do conhecimento.

O diagnóstico ou sondagem de alfabetização é uma ferramenta importante para avaliar o nível de conhecimento e habilidades dos(as) alunos(as) em relação ao sistema de escrita alfabética. Essa avaliação inicial ajuda os(as) educadores(as) a identificar as necessidades específicas de cada aluno(a) e a planejar intervenções adequadas.

Para planejar o ensino de alfabetização para jovens, adultos ou idosos do primeiro segmento da EJAI, propõe-se a realização de diagnósticos ou sondagens visando identificar o que já sabem, para, então, pensar o que precisam aprender e como se deve ensinar. A sondagem ou avaliação diagnóstica não deve acontecer apenas no início de uma etapa de ensino, ela pode e deve ser desenvolvida em vários momentos durante o processo de ensino e aprendizagem, para possibilitar uma visão individualizada de cada educando(a).

A seguir, elencamos algumas perguntas que os(as) alfabetizadores(as) deverão responder a respeito do(a) alfabetizando(a): conhece algumas letras além das letras do nome ou conhece todas as letras? Sabe escrever as letras do nome? Sabe escrever algumas ou todas as letras? Sabe juntar letras e formar sílabas simples na escrita? Lê palavras estáveis inteiras (nome próprio, nome dos pais, dos colegas, nome dos instrumentos de trabalho)? Identifica que, se alterar uma letra ou sílaba, muda a palavra? Lê frases com compreensão? Lê pequenos textos com compreensão? Escreve palavras? Escreve frases?

Há algumas etapas e estratégias que podem ser utilizadas no processo de diagnóstico. A alfabetizadora ou o alfabetizador deve começar observando o comportamento e as interações dos(as) alunos(as) em relação à leitura e escrita: observar como seguram o lápis, como manipulam cadernos e livros, como reconhecem letras, entre outros aspectos relevantes. Especialmente com o público jovem, adulto e idoso, é fundamental realizar conversas informais com os(as) alunos(as) para compreender suas experiências prévias com a leitura e a escrita, bem como seus interesses e motivações.

Depois dessa interação inicial, podem ser propostas atividades em que os(as) alunos(as) identifiquem letras isoladas, reconheçam sons iniciais e finais das palavras ou correspondam letras a sons. Isso pode ser feito por meio de cartões, jogos ou exercícios específicos. Se for possível, é interessante avançar para a leitura e, depois, a escrita de palavras isoladas e textos curtos em diferentes níveis de complexidade.

Teste da psicogênese da escrita

Nos anos 1980, no Brasil e na América Latina, houve um crescente interesse pelo tema da alfabetização. Emília Ferreiro, argentina, psicopedagoga, orientada por Jean Piaget (1976) – que estudava o desenvolvimento cognitivo humano, em diferentes etapas ou sequências genéticas, na Universidade de Genebra –, iniciou suas pesquisas de campo na Argentina, com Ana Teberosky (falecida em março de 2023), sobre o conhecimento da escrita alfabética. O primeiro livro das autoras traduzido no Brasil, *Psicogênese da língua escrita* (1985), representou uma grande revolução conceitual: instaurou um novo paradigma para a interpretação da escrita do(a) alfabetizando(a).

Não se trata de um método de alfabetização. A proposta é realizar um teste para compreender a "caixa-preta" dessa aprendizagem, desvendando como são os processos pelos quais os sujeitos passam para entender a escrita alfabética.

O teste da psicogênese da língua escrita permite ao(à) professor(a) saber os conhecimentos e as habilidades do educando(a) para ler e escrever. A criança em processos de alfabetização passa por uma etapa, conhecida como **pré-silábica pictórica**, em que ela faz desenhos, com os quais busca representar o que ela vê no mundo: ela mesma, seus pais, sua casa, seu animal de estimação etc., imaginando que a palavra representa a imagem que ela busca reproduzir. Em outro momento, para representar a escrita, a criança utiliza bolinhas, rabiscos, "cobrinhas", garatujas, buscando imitar o movimento da mão que ela vê os adultos fazendo para escrever. Pode também utilizar símbolos, letras e números misturados.

A criança passa também por uma etapa de buscar relacionar o tamanho do objeto a ser representado na escrita com a quantidade de letras que ela utiliza para escrever a palavra. Assim, para escrever BOI, que é algo grande, ela utiliza diversas letras, e, para escrever FORMIGUINHA, utiliza poucas letras, porque é algo pequeno. É um pensamento sobre a escrita denominado **realismo nominal**.

A criança em processo de alfabetização passa também por uma etapa de conhecimento da escrita em que, quando o(a) alfabetizador(a) pede que escreva "PATO", poderá escrever "UCLAUSACL", usando o repertório de letras que ela conhece, utilizando as letras do seu nome (LUCAS), por exemplo, sem correspondência sonora e sem correspondência quanto à quantidade de letras da palavra. É uma etapa conhecida como **pré-silábica gráfica primitiva**.

Todas essas etapas (pré-silábica pictória, pré-silábica gráfica primitiva), independentemente da especificidade, podem ser, resumidamente, denominadas como **pré-silábicas**, porque, para o(a) alfabetizando(a), não há relação entre a quantidade de letras utilizadas e a quantidade de sílabas da referida palavra.

> Muito provavelmente, os jovens, adultos e idosos ainda não alfabetizados, que em algum momento da vida retornam seus estudos, já não estarão nessas etapas de **conhecimento pré-silábico** sobre a escrita, porque, ao conviverem em diversos âmbitos sociais mediados pela escrita, já têm consciência de que as palavras são escritas com letras (e não desenhos), e com letras variadas (e não só com as letras do nome), mesmo que não as conheçam ou que só conheçam algumas letras: já pegam ônibus e precisam "ler" o letreiro, escolhem produtos no supermercado pelos rótulos, podem ter carteira de trabalho com registros, devem ter alguma ficha de saúde, carteira de vacinação etc.

Na etapa seguinte de conhecimento sobre a escrita, o(a) aluno(a) tende a avançar para o nível **silábico sem valor sonoro**, também chamado de **silábico sem correspondência sonora** ou **hipótese silábica quantitativa**, ou seja, grafará uma letra para cada sílaba, entretanto, seu registro não terá correspondência sonora, isto é, não corresponderá às letras da sílaba que a pessoa busca representar. Por exemplo, para a palavra TIJOLO, poderá grafar ATD.

A passagem do nível pré-silábico para o nível silábico ocorre quando o alfabetizando(a) consegue vincular o oral ao escrito. O aprendiz descobre que a palavra escrita representa a palavra falada e acredita que basta grafar uma letra para cada sílaba oral. Mas só entrará para o **nível silábico qualitativo**, também chamado de **silábico com correspondência sonora** ou de **etapa silábica com valor sonoro**, quando seus registros apresentarem uma letra para cada sílaba em que a letra utilizada esteja presente na sílaba representada. Por exemplo, para escrever CASA, grafar CA (C=ca, A=sa); para escrever TIJOLO, grafar IOL (I=ti, O=JO, L=lo); para registrar por escrito a palavra TRA-BA-LHO, grafar TBO (T=tra, B=ba, O=lho).

> Na **hipótese silábica quantitativa ou silábica sem correspondência sonora**, os(as) alfabetizandos(as) atribuem uma letra para cada sílaba da palavra, independentemente de sua correspondência sonora. Por exemplo, para escrever uma palavra com três sílabas, utilizam três letras aleatórias para marcar essas partes, mas são letras aleatórias. Por exemplo, para grafar a palavra TRA-BA-LHO, poderiam utilizar, por exemplo, UPD.
> Na **hipótese silábica qualitativa ou silábica com correspondência sonora**, os(as) alfabetizandos(as) reconhecem a relação entre os sons da fala e as letras escritas, utilizando não só a quantidade de letras que representa cada sílaba, mas letras de fato presentes nas sílabas. Por exemplo, para grafar a palavra TRA-BA-LHO, poderiam utilizar TAO ou ABO, outras combinações de letras presentes nas sílabas das palavras.

Quando o(a) alfabetizando(a) compreende o sistema de escrita alfabética, isto é, quando consegue relacionar que a escrita nota a pauta sonora das palavras, ele(a) identifica cada som da palavra e registra as letras correspondentes, o que significa que ele(a) alcançou o nível de **conhecimento alfabético** sobre a escrita. Nessa etapa, podem ocorrer muitos erros ortográficos, com trocas comuns de J por G, X por CH, M por N, L por U etc., mas o(a) alfabetizando(a) já compreendeu as propriedades do sistema de escrita alfabética.

Na **hipótese alfabética**, o(a) educando(a) já tem domínio do SEA. Ele(a) compreende plenamente as correspondências entre os fonemas (sons da fala) e os grafemas (letras ou combinações de letras) que representam esses sons.

> Na **escrita alfabética**, é possível perceber que o(a) alfabetizando(a) compreende o funcionamento do sistema de escrita alfabética. No entanto, mesmo tendo se apropriado do princípio alfabético e sabendo relacionar fonemas com letras, ainda há erros ao escrever. Será necessário aprender a **escrita ortográfica**, as regras e irregularidades básicas da **ortografia** da língua.

Assim, para buscar compreender o que o(a) educando(a) das etapas iniciais do primeiro segmento da EJAI sabe sobre a escrita alfabética, propõe-se realizar um diagnóstico individual, adotando-se, por exemplo, o teste da psicogênese. Os materiais necessários são papel em branco e lápis para o(a) estudante, e as palavras e a frase (planejadas anteriormente ao teste) para o(a) professor(a).

COMO É O TESTE DA PSICOGÊNESE DA ESCRITA

O teste da psicogênese da escrita consiste em um ditado de palavras realizado pela professora ou pelo professor, que, a partir da escrita dessas palavras pelo(a) alfabetizando(a), vai buscar identificar o que este já sabe sobre a escrita. Para isso, antes da realização do teste, devem ser selecionadas quatro palavras com diferentes quantidades de sílabas: palavras polissílabas, trissílabas, dissílabas e monossílabas e uma frase com uma das palavras do ditado. Sugere-se começar pela palavra polissílaba até a palavra monossílaba. Tais palavras devem fazer parte do mesmo campo semântico (todas as palavras serão nomes de profissões ou nomes de frutas, ou de animais, ou objetos escolares, ou outro planejado pela educadora ou pelo educador) e devem ser do repertório dos(as) alfabetizandos(as).

Na seleção das palavras que farão parte do teste da psicogênese da escrita, recomenda-se evitar palavras com dificuldades ortográficas (sc, ss, x, z ou s etc.), porque o objetivo não é identificar dificuldades ortográficas doss(as) estudantes, mas sim diagnosticar o que ele conhece sobre o sistema de escrita alfabética.

No planejamento, devem também ser evitadas palavras com vogais repetidas em sílabas próximas, como ABACAXI, porque um(a) aluno(a) com hipótese silábica com valor sonoro que utiliza vogais para registrar cada sílaba precisaria escrever AAAI e isso poderia gerar confusão ao aprendiz ou poderia confundir a interpretação do teste.

Para exemplificar como o teste poderia ser construído, sugerimos as palavras seguintes, do campo semântico das frutas, que devem ser conhecidas dos jovens, adultos e idosos. É sugerido também identificar palavras com quantidade de sílabas diferentes entre elas: "maracujá" (palavra polissílaba), "amora" (trissílaba), caju e uva (ambas dissílabas por não serem encontradas frutas com uma só sílaba). Além do ditado de palavras, ao final será ditada a frase: "A minha fruta preferida é amora", com a palavra "amora", que consta no ditado de palavras.

Sugestão de palavras e frase para o teste da psicogênese da escrita

MARACUJÁ
AMORA
CAJU
UVA

A MINHA FRUTA PREFERIDA É AMORA.

Seria interessante também selecionar frutas ou legumes regionais, ou palavras do campo semântico profissional do(a) alfabetizando(a), ou outras áreas de interesse, por exemplo, para personalizar o teste para a realidade do(a) aluno(a).

A ordem sugerida para a realização do ditado é da maior para a menor palavra, porque muitas vezes o(a) alfabetizando(a) tem mais facilidade de escrever uma palavra maior do que uma menor, por causa da **saliência fônica**.

A **saliência fônica** é a característica que faz com que alguns sons ou sílabas sejam mais proeminentes ou percebidos com mais clareza em relação a outros. Por exemplo, na palavra "gato", na sílaba "ga", "a" tem maior saliência fônica que "g" e, na sílaba "to", "o" tem maior saliência fônica que "t".

COMO REALIZAR O TESTE DA PSICOGÊNESE DA ESCRITA

A alfabetizadora ou o alfabetizador deve começar com uma acolhida simpática e sugerir que a(o) alfabetizanda(o) fique tranquila(o) e escreva as palavras como ela(e) sabe. Cada palavra deve ser lida naturalmente, sem marcar a divisão de sílabas oralmente para não mascarar o resultado do teste. Deve-se esperar pacientemente a pessoa terminar de escrever, sem dar dicas de como se escreve a palavra. Enquanto ditar as palavras, o(a) alfabetizador(a) deve observar também de que maneira o(a) estudante escreve, como pega no lápis, como ocupa os espaços da folha, a proporção do tamanho das letras e das palavras entre si.

Depois de ditar todas as palavras e a frase, a educadora ou o educador deve pedir para o(a) alfabetizando(a) ler as palavras e a frase apontando com o dedo, pois, assim, será possível compreender o tipo de leitura que ele(a) faz. Durante a leitura, pode-se observar se o(a) alfabetizando(a) estabelece ou não relações entre o que escreveu e o que lê em voz alta: lê a palavra como um todo, passando o dedo por toda a palavra? Lê a palavra por sílabas, identificando com o dedo cada sílaba lida? Lê cada letra da palavra individualmente? Ou lê aleatoriamente, sem fazer associação do som lido com a palavra escrita? Ou ainda não consegue ler (já que alguns(mas) alfabetizandoa(as) conseguem escrever, mas não conseguem ler, pois são habilidades diferentes)?

Além de buscar identificar o conhecimento que o alfabetizando tem sobre a escrita alfabética, é importante o(a) alfabetizador(a) observar: o modo de escrever o conjunto das palavras (escreveu uma palavra abaixo da outra como uma lista? As palavras foram grafadas mais ou menos do mesmo tamanho?), o sentido em que o(a) alfabetizando(a) faz a leitura (de cima para baixo, da esquerda para a direita?), o modo de pegar no lápis e o que mais considerar relevante (o(a) alfabetizando(a) ficou nervoso(a) ou tímido(a), gostou ou não gostou de realizar a atividade etc.).

É importante, logo após o teste, que a educadora ou o educador registre as percepções sobre o teste, as perguntas ou as dúvidas surgidas. Essas anotações enriquecem esse processo de diagnóstico. Se o(a) alfabetizando(a) estiver à vontade, o(a) educador(a) pode propor filmar a realização do teste, para assistir novamente depois para tentar captar melhor os detalhes.

Outras sugestões de diagnósticos de alfabetização

Para buscar identificar o que o jovem, adulto ou idoso em processo de alfabetização já conhece sobre elementos que são a base para aprender a ler e escrever, a alfabetizadora ou o alfabetizador pode também apresentar um alfabeto móvel, que é uma série de letras soltas, feitas de plástico, papel ou de EVA, que permitem ao(à) educando(a) identificar letras, criar sílabas, palavras e frases, adicionando, retirando e mudando-as de lugar. O alfabeto móvel pode ser trabalhado de forma individual ou em pequenos grupos pelos(as) alunos(as), de maneira que possam identificar as letras, reconhecer seu formato, nomeá-las, organizá-las, rearranjá-las e escrever palavras.

1. A educadora ou o educador pode pedir para o(a) alfabetizando(a) colocar as letras móveis em ordem alfabética, falando o nome da letra em voz alta. Assim, será possível identificar se o(a) alfabetizando(a) já conhece todas as letras e a ordem alfabética. Se for identificado que o(a) estudante não conhece todo o alfabeto, pode-se pedir que ele escreva o seu nome próprio e, em seguida, fale cada letra que forma o seu nome.

2. O professor ou a professora pode perguntar se o aprendiz lembra alguma palavra do ditado e, em caso positivo, pedir para escrever a(s) palavra(s) do ditado com o alfabeto móvel.
3. Para identificar a consciência fonológica do(a) educando(a), pode-se tomar uma das palavras do teste da psicogênese da escrita e propor algumas perguntas: i) que outras palavras começam igual a CAJU? Assim o(a) educador(a) sonda a consciência silábica do som inicial de palavras (CASA, CASAMENTO, CARA,...). Ou palavras que rimam com CAJU (URUBU, TATU,...) e com AMORA (NAMORA, AURORA,...). Identificando, assim, a consciência de sons finais iguais.
4. Pode-se ainda perguntar que palavras é possível formar com as letras ou sílabas de AMORA (MORA, ORA, AMA, AMO, RAMO...) e com a palavra JABUTICABA (JABUTI, JACA, ACABA, ABA...). Dessa maneira, o(a) educando(a) pode evidenciar o conhecimento que tem de perceber outras palavras dentro de uma palavra.

Essas e outras atividades possibilitam ao(à) educador(a) observar a atuação do(a) estudante em processos de alfabetização e identificar o que ele(a) já sabe e o que ele precisa aprender, a fim de pensar e planejar o ensino de modo que o(a) aluno(a) possa avançar nos conhecimentos essenciais para se tornar alfabetizado(a).

Depois de o(a) professor(a) desenvolver o teste da psicogênese da escrita ou outra forma de diagnóstico de alfabetização, é necessário interpretar adequadamente o teste, buscando não só identificar o que o(a) aluno(a) não sabe, mas especialmente o que ele já sabe sobre o sistema de escrita alfabética, porque cada conhecimento é significativo. Depois disso, é hora de planejar o ensino da alfabetização, pensando o que o(a) alfabetizando(a) precisa aprender.

Registro individual do(a) alfabetizando(a)

É importante que cada educando(a) tenha uma ficha de acompanhamento individual, em que o(a) professor(a) possa anotar seus conhecimentos e avanços em relação ao sistema de escrita alfabética. Como dados pessoais, sugerem-se registrar: o nome completo do(a) alfabetizando(a), a idade, o perfil social, algum diagnóstico neurológico, a relação com a aprendizagem da leitura e da escrita, além de outros aspectos considerados relevantes.

Propõem-se também registrar as atividades desenvolvidas e as reações do(a) alfabetizando(a): o que ele(a) já sabia, o que ele(a) precisa aprender, como foi a receptividade e o interesse dele(a) pela proposta. Pode-se, ainda, anotar alguma situação curiosa, peculiar ou interessante relacionada à alfabetização. Se houver alguma outra observação relevante, registrar também.

Considera-se importante que, mais do que um registro individual formal de cada aluno(a), seja construído um diário reflexivo de alfabetização, com observações sobre as impressões do(a) educador(a) a respeito dos conhecimentos do alfabetizando(a) e a(s) atividade(s) proposta(s). Isso permitirá que o progresso dos(as) alunos(as) seja acompanhado ao longo do tempo e que as estratégias de ensino sejam ajustadas.

A professora ou o professor pode criar registros breves e objetivos de cada estudante, como exemplificado a seguir:

- Ex. 1: (Nome do(a) estudante) costuma apresentar resistência na hora de fazer as atividades propostas, porque demonstra muita dificuldade na leitura de palavras. Ainda não reconhece as letras e mesmo com atividades mais lúdicas, não tem interesse em aprender.
- Ex. 2: (Nome do(a) estudante) não consegue se concentrar nas atividades propostas em sala de aula, mesmo com jogos ou atividades diversificadas. Consegue reconhecer as letras móveis, mas não consegue usar o caderno sem orientações.
- Ex. 3: (Nome do(a) estudante) tem muita facilidade para aprender. Além disso, é muito calmo e organizado com seus materiais escolares. Segue com facilidade as sugestões de atividades propostas e mostra muito prazer em aprender. Em sua escrita, já consegue associar a sílaba com o som e tem avançado bastante.
- Ex. 4: Em relação à leitura, (Nome do(a) estudante) já consegue reconhecer o seu próprio nome, nome de pessoas conhecidas e o nome de alguns objetos simples, como gato, bota e sapo. Às vezes esquece o som de algumas palavras, mas é muito aberto a orientações.

MÉTODO, METODOLOGIA E MÉTODO DE ALFABETIZAÇÃO

Os **métodos de ensino**, de forma geral, são um conjunto amplo de decisões relacionadas ao **como fazer**. Referem-se ao conjunto de estratégias, abordagens e recursos utilizados durante o processo educativo e servem para nortear as ações tomadas em direção aos objetivos de aprendizagem. Eles são um fio condutor que devem ser escolhidos com base na realidade dos(as) alunos(as) e nas demandas da comunidade escolar. É o planejamento e a organização do ensino, levando em consideração os objetivos educacionais, as características dos(as) alunos(as) e as melhores práticas pedagógicas.

Na escolha da **metodologia didática para a alfabetização**, devem-se tomar decisões relativas a método(s) de alfabetização, procedimentos de ensino, organização da sala de aula, construção de um ambiente de alfabetização e letramento, definição de conteúdos e capacidades a serem atingidas, escolha de materiais, formas de avaliar, entre outros aspectos.

Já o **método de alfabetização** é uma abordagem específica que pode ser adotada para ensinar a ler e escrever. É um conjunto de procedimentos didáticos que visa facilitar o processo de aquisição da língua escrita. Cada **método de alfabetização** possui características próprias, como a forma de introdução dos sons das letras, a progressão das habilidades de leitura e escrita, o uso de materiais didáticos específicos, entre outros elementos.

Categorização de métodos de alfabetização

Os métodos de alfabetização podem ser organizados em dois grandes grupos, **métodos sintéticos** e **métodos globais**. Os métodos sintéticos podem ser categorizados como métodos de soletração, silabação ou fônicos. E os métodos globais podem ser categorizados como palavração, sentenciação ou de contos. Nos métodos sintéticos, os métodos de soletração, como o nome indica, partem das letras; o método de silabação parte das sílabas; e os métodos fônicos focam o fonema. Já nos métodos globais, os métodos de palavração partem do ensino das palavras; os métodos da sentenciação, de pequenas sentenças ou frases; e os métodos de contos, de pequenos contos ou textos para, ao longo dos processos de alfabetização, chegar às palavras, às sílabas e às letras.

Métodos sintéticos	Métodos globais
Soletração	Palavração
Silabação	Sentenciação
Fônicos	Métodos de contos

Enquanto os métodos sintéticos começam com as unidades menores, visando à construção gradual do conhecimento fônico, os métodos globais partem das unidades maiores, priorizando a compreensão do todo. Ambas as abordagens têm suas vantagens e desvantagens, e muitas vezes são combinadas ou adaptadas em abordagens mistas, aproveitando o melhor de cada método de acordo com as necessidades dos(as) alunos(as) e o contexto de ensino.

Como se pode observar, existem diferentes tipos de métodos fônicos, diferentes tipos de métodos de contos etc. Cada idealizador(a)/criador(a) de um método de alfabetização tem autonomia para estabelecer os princípios em que se fundam tal método. Em geral, a criação de um método de alfabetização requer um processo cuidadoso e reflexivo, levando em consideração a realidade e as necessidades dos(as) alunos(as), os objetivos educacionais, os princípios pedagógicos e a base teórica. Geralmente, a educadora ou o educador desenvolve uma sequência lógica de ensino que introduza gradualmente os conceitos e habilidades de leitura e escrita; escolhe estratégias e materiais adequados, que podem incluir jogos educativos, atividades práticas, livros didáticos, recursos audiovisuais, entre outros. Depois de implementar e avaliar o método em uma turma e em diversas turmas e observar como os(as) alunos(as) respondem, o idealizador faz ajustes e adaptações necessários com base nos resultados observados. Depois de validado, tal método de alfabetização é divulgado, adotado, testado, pesquisado e, conforme o sucesso dos resultados, torna-se um método mais consolidado.

Existem vários métodos de alfabetização pensados, idealizados, planejados e desenvolvidos por educadores(as) que são frequentemente adotados para a alfabetização de adultos. O **Método Paulo Freire** promove a leitura crítica do mundo e utiliza palavras geradoras e situações do cotidiano dos(as) alunos(as) como ponto de partida para o aprendizado. O **Método Laubach**, desenvolvido por Frank C. Laubach, tem como foco ensinar habilidades de leitura e escrita de forma funcional, com base em situações da vida real. Ele enfatiza a individualização do ensino, a aprendizagem baseada na fala e a abordagem fonética. O **Método Freinet**, inspirado na pedagogia de Célestin Freinet, valoriza a expressão e a comunicação dos(as) alunos(as) como base para o aprendizado. Ele incentiva a produção de textos pelos(as) alunos(as), utilizando técnicas como correspondência, jornais escolares e projetos coletivos.

Ao escolher o método de alfabetização a ser adotado, a alfabetizadora ou o alfabetizador deve considerar as diferenças entre os métodos planejados para crianças e os métodos voltados para adultos, devido às características e necessidades distintas de cada grupo. Por exemplo, os adultos têm uma base de conhecimento e experiência de vida mais ampla do que as crianças, e os métodos de alfabetização para adultos geralmente aproveitam essa experiência, incorporando conteúdos relevantes para suas vidas diárias e situações práticas. Os adultos trazem consigo um contexto social e cultural mais amplo, com diferentes experiências linguísticas e conhecimentos prévios, e os métodos de alfabetização para esse grupo devem considerar esses aspectos, incorporando materiais e situações que reflitam sua realidade social e cultural.

Além disso, os adultos têm motivações e objetivos diferentes em relação à alfabetização. Eles normalmente são motivados, como dissemos anteriormente, por necessidades específicas, como obter um emprego, melhorar suas habilidades profissionais ou participar mais ativamente na sociedade. Os métodos de alfabetização para adultos tendem a enfatizar a autodireção e a capacidade de definir metas individuais. Ademais, adultos e crianças podem ter estilos de aprendizagem diferentes. Os adultos podem preferir uma abordagem mais direta e aplicada, enquanto as crianças podem se beneficiar de métodos mais lúdicos e interativos. Os métodos de alfabetização para adultos costumam levar em consideração a preferência por uma aprendizagem mais prática e relevante.

Por fim, mas não menos importante, consequentemente, os métodos de alfabetização adotados para educandos(as) jovens, adultos(as) e idosos(as) não devem infantilizar os materiais de alfabetização. É essencial que os temas abordados sejam significativos para suas vidas diárias e aspirações, relacionando-se com seu ambiente social, profissional e pessoal. A linguagem utilizada nos materiais de alfabetização deve ser adequada ao público adulto, evitando um tom infantil. Os gêneros textuais e as atividades propostas, preferencialmente, devem refletir a comunicação real que eles encontrarão no mundo adulto, oferecendo tema, vocabulário e estrutura linguística apropriados para a faixa etária.

Além disso, o *design* dos materiais deve ser atraente e profissional, afastando-se de elementos e imagens infantis. A formatação deve ser clara e legível, facilitando a leitura e compreensão dos conteúdos. As ilustrações e imagens devem ser adequadas à temática e ao contexto dos jovens, adultos e idosos – isso significa que devem retratar situações e cenários do cotidiano dos(as) educandos(as), como ambientes de trabalho, situações de vida real, objetos do dia a dia, entre outros. Além disso, é interessante que as imagens incluam a representatividade de diversas etnias, idades, gêneros e contextos sociais. Isso ajuda a criar um ambiente inclusivo e respeitoso, permitindo que os adultos se identifiquem com as imagens e se sintam representados.

O Método Paulo Freire de Alfabetização

Sugerimos que as educadoras e os educadores da área de Letras e Pedagogia que vão trabalhar com a educação linguística conheçam o Método Paulo Freire de Alfabetização, idealizado por Paulo Freire, na década de 1960, como uma proposta interessante para o desenvolvimento dos processos de alfabetização e letramentos de jovens, adultos e idosos. Freire propõe a alfabetização como um processo de conscientização dos(as) educandos(as) a partir de suas realidades concretas. A ideia é que haja uma ação dialógica horizontal e cooperativa entre educadores(as) e educandos(as), a partir das experiências de vida e dos conhecimentos prévios dos(as) alfabetizandos(as), relacionando a aprendizagem da leitura e da escrita com questões e problemas significativos do cotidiano dos jovens, adultos e idosos.

O diálogo e a escuta ativa são a parte central do Método Paulo Freire. Ao iniciar os processos de alfabetização e letramentos, é essencial conhecer a realidade dos(as) alfabetizandos(as), sua cultura, contexto social, suas histórias de vida. Nessa conversa, os temas podem ser escolhidos em conjunto com os(as) alunos(as) ou serem propostos com uma tematização motivadora.

Por exemplo, em uma turma com diferentes profissionais, o tema selecionado poderia ser os instrumentos de trabalho. A partir daí, a educadora ou o educador apresenta aos(às) alunos(as), por exemplo, a palavra "martelo" e inicia uma discussão sobre o tema relacionado, enfatizando o uso e a importância do martelo em diferentes contextos, como construção, reparos e artesanato, perguntando quais colegas da turma trabalham ou já trabalharam utilizando um martelo, se alguém o usa com frequência, entre outras questões relacionadas à ferramenta.

Depois desse diálogo e interação introdutórios, pode-se partir para a análise da palavra MARTELO. Com a mediação da professora ou do professor, os(as) educandos(as) são incentivados a observar e identificar as partes constituintes da palavra. Eles(as) podem notar que é composta por três sílabas, partes ou pedaços: "mar" "te" "lo". Para isso, o(a) alfabetizador(a) pode pedir que os(as) alunos(as) batam palmas enquanto pronunciam palavras, separando as sílabas. Pode-se também fazer o teste com outras palavras, como, por exemplo, "banana". Os(As) educandos(as) podem bater palmas três vezes (ba-na-na), identificando as três sílabas da palavra. Outra estratégia muito utilizada para o(a) alfabetizando(a) reconhecer as sílabas das palavras é dar pistas visuais, estabelecendo traços ou linhas horizontais que representam cada sílaba das palavras.

Na etapa seguinte, o(a) alfabetizador(a) trabalhará com os(as) estudantes a exploração das partes das palavras: as sílabas. A educadora ou o educador trabalha com os(as) alunos(as) a pronúncia das sílabas "mar" "te" "lo", ajudando-os a identificarem os sons de cada uma delas. Em seguida, podem ser realizados exercícios de segmentação ou junção das sílabas, incentivando os(as) alunos(as), por exemplo, a criar outras palavras que tenham as mesmas sílabas no seu início, como em **Mar**ta, **te**lefone, **lo**te. Ou em diferentes posições, no meio da palavra, como em co**mar**ca, biblio**te**ca, co**lo**car, ou no final, como em transfor**mar**, men**te**, co**lo**.

Depois desse processo de reflexão a respeito de partes das palavras, para tomar consciência fonológica dos sons que compõem as sílabas que formam as palavras, parte-se para a etapa da contextualização, em que as palavras "martelo" e outras criadas pelos(as) estudantes com as mesmas sílabas são utilizadas em diferentes contextos. Por exemplo, os(as) alunos(as) podem escrever frases como "O martelo é usado para bater pregos" ou "O marceneiro utiliza o martelo para construir móveis" ou "Rita usa martelos para construir molduras artesanais para quadros". Eles(as) também podem desenhar ou criar cartazes ilustrando diferentes ferramentas ou cenas em que o martelo é usado.

Para desenvolver o processo de leitura e escrita, as estudantes e os estudantes podem ser encorajados a lerem palavras semanticamente relacionadas ao "martelo" – como "prego", "construção" e "marcenaria" – e a escrevê-las em diferentes atividades, como completar lacunas em frases ou escrever pequenos textos sobre como usar um martelo corretamente, dependendo da etapa do processo de alfabetização em que o(a) estudante se encontre.

Para proporcionar aos(às) educandos(as) a expansão do vocabulário, a alfabetizadora ou o alfabetizador pode, a partir da palavra geradora "martelo", incentivar os(as) alunos(as) a explorarem e aprenderem novas palavras relacionadas ao tema das ferramentas, construção e reparos ou outras palavras relacionadas a um campo semântico semelhante, compartilhando seus conhecimentos e ampliando seu vocabulário em áreas relevantes.

Quando o(a) alfabetizando(a) for capaz de escrever palavras, o(a) professor(a) pode propor que ele escreva frases com tais palavras ou textos. Durante todo o processo, o(a) educador(a) deve promover discussões e reflexões sobre a importância do martelo e outras ferramentas, incentivando os(as) alunos(as) a compartilharem suas experiências e seus conhecimentos sobre o tema, com o intuito de valorizar os saberes prévios dos(as) alunos(as). Esse momento de discussão e reflexão é bastante valorizado no Método Paulo Freire de Alfabetização.

Para proporcionar atividades mais dinâmicas e para fortalecer a conexão entre a palavra geradora e a realidade de uso do martelo, os(as) alunos(as) podem ser envolvidos em atividades práticas, como simular o uso de um martelo em materiais macios, construir pequenos projetos ou criar um mural com diferentes ferramentas.

DICAS PARA ALFABETIZADORES(AS) DE JOVENS, ADULTOS E IDOSOS

- TODOS OS DIAS: Leia em voz alta alguma coisa interessante: notícia, poemas, anedota, letra de música, adivinhas...
- MOSTRE COISAS ESCRITAS: dicionário, carta, bilhete, receita...
- DESAFIE OS(AS) ALFABETIZANDOS(AS) A PENSAREM NA ESCRITA.
- Quando os jovens, adultos e idosos estiverem escrevendo, DEIXE-OS PERGUNTAR OU PEDIR AJUDA AO COLEGA; LEVE-OS A PENSAR, RACIOCINAR, DESCOBRIR.
- Use a pedagogia da pergunta. NÃO DÊ RESPOSTAS PRONTAS!
- INVENTE SEU PRÓPRIO MÉTODO.
- USE SUA CAPACIDADE DE OBSERVAÇÃO PARA VER O QUE FUNCIONA. Veja que modo de ensinar dá certo para a sua turma.
- LEIA E ESTUDE SEMPRE VOCÊ TAMBÉM!

ATIVIDADES

PARTE 1
Atividades de compreensão e reflexão

Neste capítulo, tratamos sobre a alfabetização de jovens, adultos e idosos. Iniciamos citando alguns motivos que levam estudantes da EJAI a querer aprender a ler e escrever, discutimos o que significa ser alfabetizado e letrado, relacionamos os requisitos básicos para a alfabetização e as propriedades do sistema de escrita alfabética, propomos a realização de diagnóstico ou sondagem de alfabetização para identificar o que o(a) educando(a) já sabe sobre a escrita alfabética, a fim de planejar o que ele precisa saber e como ensinar. Além disso, discutimos método e metodologia, para chegarmos ao Método Paulo Freire de Alfabetização.

As atividades que sugerimos a seguir propõem reflexões sobre o que temos tratado até aqui.

Atividade 1

Considerando a diversidade de motivações dos(as) alunos(as) na EJAI, como podemos criar um currículo com atividades que sejam relevantes e significativas para eles(as)? De que maneira podemos conectar os conteúdos curriculares com suas experiências de vida e objetivos pessoais, de modo a estimular seu engajamento, promover a autoestima e a autoconfiança e possibilitar a aplicação prática do conhecimento em suas vidas cotidianas?

Atividade 2

Como você poderia tornar o ambiente educacional mais inclusivo e acolhedor para os(as) alunos(as) que retornam à escola na EJAI? Quais estratégias sociais e recursos pedagógicos você poderia implementar na sua sala de aula para construir um ambiente alfabetizador e acolhedor, que possa atender às necessidades específicas dos(as) alunos(as) e promover a participação ativa na aprendizagem?

Atividade 3

Neste capítulo, discutimos o que significa ser alfabetizado e letrado. Você consegue citar exemplos reais ou possíveis de pessoa alfabetizada não letrada? E de pessoa letrada não alfabetizada?

Atividade 4

Considerando os diferentes métodos de alfabetização apresentados, como podemos selecionar e adaptar estratégias pedagógicas que atendam às necessidades específicas dos(as) alunos(as) na educação de jovens, adultos e idosos? Como podemos combinar abordagens sintéticas e globais de forma eficaz, levando em conta as experiências de vida dos(as) alfabetizandos(as) e suas motivações individuais para aprender a ler e escrever?

Atividade 5

Na alfabetização de jovens, adultos e idosos, como podemos criar materiais e recursos de ensino que sejam relevantes e adequados aos(às) educandos(as)? Quais estratégias podemos adotar para desenvolver materiais de alfabetização que reflitam o contexto social, profissional e pessoal dos(as) alunos(as), evitando a infantilização dos conteúdos e promovendo uma abordagem inclusiva e respeitosa que valorize a diversidade étnica, de gênero e de idade?

PARTE 2
Exercícios críticos/reflexivos

Gostaríamos de convidar você a se colocar no lugar de um(a) professor(a) que atua na educação de jovens, adultos e idosos para pensar em práticas para a sua sala de aula.

Atividade 1

Elabore um teste da psicogênese da escrita com palavras do campo semântico do mundo do trabalho que devem ser conhecidas dos(as) seus(suas) alunos(as) jovens, adultos(as) e idosos(as). Busque palavras com quantidade de sílabas diferentes entre elas: (palavra polissílaba, trissílaba, dissílaba e monossílaba). Além das palavras, ao final proponha uma frase com uma das palavras que constam no ditado de palavras.

Lembre-se de que não se trata de um teste de ortografia, mas sim de um diagnóstico para identificar o que o(a) alfabetizando(a) sabe sobre a escrita alfabética.

Atividade 2

A Atividade 2 consiste na análise e interpretação do teste da psicogênese da escrita realizado na Atividade 1. Para isso, é claro, será necessário que o teste tenha sido realizado com jovens, adultos ou idosos em processo de alfabetização.

Separamos essa etapa da elaboração e realização do teste, porque são de fato processos diferentes, e todos são importantes para compreender o processo de alfabetização do(a) educando(a). O teste precisa ser bem planejado e bem realizado (Atividade 1), e a etapa seguinte também deve ser muito cuidadosa, na medida em que o(a) alfabetizador(a) deve observar especialmente o que o(a) alfabetizando(a) já sabe sobre a escrita alfabética.

Busque observar se o(a) alfabetizando(a) estabelece ou não relações entre o que escreveu e o que lê em voz alta: lê a palavra como um todo? Lê a palavra por sílabas? Lê cada letra da palavra individualmente? Ou ainda não consegue ler?

Atividade 3

Imagine a sua sala de aula de alfabetização de jovens, adultos e idosos e pense nas suas escolhas metodológicas: que método(s) de alfabetização você utiliza ou utilizará? Que procedimentos de ensino você adota ou adotará em sua rotina? Como é ou como será a organização da sua sala de aula? Como você poderá construir um ambiente de alfabetização e letramento?

Atividade 4

Cite cinco requisitos básicos para a alfabetização e pense em atividades para trabalhar cada um desses requisitos com os(as) estudantes, de forma a colaborar para o desenvolvimento dos processos de alfabetização e letramentos.

Atividade 5

Escolha quatro propriedades do sistema de escrita alfabética e pense em atividades para trabalhar cada uma dessas propriedades em sala de aula, de forma a contribuir para que os(as) alfabetizandos(as) avancem nos processos de apropriação do SEA.

O ensino de língua portuguesa na EJAI

EDUCAÇÃO LINGUÍSTICA E O PAPEL DA ESCOLA

Em relação à educação linguística, o principal papel da escola é, dentre outros, formar pessoas preparadas para atuar com autonomia nos quatro eixos relativos à língua: **leitura, produção textual, oralidade e conhecimentos linguísticos**. Além de um cidadão preparado para agir na sociedade, demandando seus direitos e cumprindo com consciência seus deveres, forma-se um indivíduo preparado para ler e produzir diferentes textos, compreender os usos e as escolhas dos elementos linguísticos e se expressar oralmente em diferentes âmbitos.

No capítulo anterior, tratamos sobre a alfabetização de jovens, adultos e idosos desde os requisitos motores para a alfabetização, passando pela consciência fonológica, para chegar à compreensão das propriedades do sistema de escrita alfabética. E depois disso?

Na realidade, devemos investir no ensino de Língua Portuguesa não só após a consolidação dos processos de alfabetização, mas ao longo de toda a caminhada do(a) educando(a) na escola. Aqui no livro, por questões didáticas, separamos os temas para deixar bem clara a importância e a necessidade de trabalhar a alfabetização *stricto sensu*, "em sentido específico". Mas ressaltamos que leitura, produção textual, oralidade e conhecimentos linguísticos são eixos para o ensino de Língua Portuguesa que devem ser trabalhados ao longo de toda a trajetória educacional.

Para fins didáticos, vamos organizar as habilidades e os conhecimentos necessários para cada eixo no ensino da Língua Portuguesa, considerando suas especificidades. No entanto, sugerimos o planejamento e o desenvolvimento de propostas para trabalhar a educação linguística em sala de aula com todos os eixos da língua integrados, a partir de sequências didáticas e projetos didáticos que contem com gêneros textuais e, claro, práticas significativas para jovens, adultos e idosos.

LEITURA

Marcuschi (2008: 249), destaca a complexidade do processo de compreensão leitora, argumentando que o leitor trabalha com informações textuais, pragmáticas, cognitivas, interesses e outros fatores, tais como especificidades dos gêneros textuais, forma de textualização, conhecimentos pessoais e suposições.

Sugerimos cotidianamente a realização de variadas práticas de leitura em sala de aula para trabalhar diversas estratégias: leitura individual silenciosa, leitura individual oral, escuta da leitura realizada pelo(a) professor(a), leitura em pares ou em grupos, leitura dramatizada, leitura de jornais e revistas, leitura de diferentes gêneros textuais (receita culinária, lista, propaganda, sinopse, poema, conto, piada, biografia, romance etc.), leitura de gêneros digitais (e-mail, página da internet, blog, comentário no Instagram etc.), entre outros.

Antes mesmo de iniciar a leitura propriamente dita do texto, existe a etapa da pré-leitura. É necessário começar por despertar o interesse dos(as) estudantes para a leitura. Então, é importante buscar um vínculo de afinidade do(a) educando(a) com o gênero textual que se propõe para a leitura, com o tema, com o personagem, com a situação etc., e, nesse processo, o levantamento dos conhecimentos prévios dos(as) alunos(as) pode cumprir esse papel. Para isso, sugerimos que a professora ou o professor adote a pedagogia da pergunta, ou seja, que proponham perguntas que possam despertar atenção do(a) aluno(a), buscando algum tipo de vínculo entre o texto e a realidade da turma.

Outra estratégia significativa é a capacidade do leitor de antecipar os sentidos a partir de pistas no texto escrito ou nas imagens ou outros elementos que o façam imaginar, inferir ou antecipar as ideias que serão apresentadas no livro. Considerando o educador ou a educadora como elemento fundamental no desenvolvimento da compreensão leitora, sugere-se que atuem como mediadores da leitura, planejando e propondo perguntas para realizar o levantamento dos conhecimentos prévios do(a) educando(a) e verificar a sua capacidade de antecipar os sentidos do texto. Esse processo pode e deve ser realizado com bastante frequência (diariamente ou algumas vezes por semana).

Compreensão das ideias gerais do texto e do tema do texto

O entendimento geral das ideias e do tema do texto é uma habilidade fundamental para leitores competentes. A fim de identificar esse tipo de entendimento das ideias apresentadas no texto, após a leitura, o(a) educador(a) pode solicitar que o jovem, adulto ou idoso se expresse oralmente, identificando o que foi compreendido. Mais uma vez, o(a) professor(a) pode realizar a mediação leitora, fornecendo informações que tenham ficado perdidas ou trechos do texto que não estejam claros. A identificação geral do tema é fundamental, pois só assim é possível apreender o sentido global do texto, discernir entre suas partes – principais e secundárias –, parafraseá-lo, resumi-lo etc.

Compreensão de informações explícitas no texto

Na compreensão textual, existem níveis de leitura. O nível mais elementar (mas de suma importância) é o da compreensão de informações explícitas no texto, que são aquelas cujas respostas se encontram na superfície do texto escrito ou imagético: o nome do personagem, quantos anos ele tem, qual é o nome da mãe dele, quantos personagens aparecem na história, qual é a cor do cachorro, qual é o tamanho da casa etc.

É importante que os(as) estudantes, com ou sem ajuda do(a) professor(a), identifiquem informações explícitas que sejam mais relevantes para a compreensão do texto. O leitor pode voltar ao texto para buscar a informação, porque não se trata de verificar a memória do(a) estudante, mas de identificar dados que ajudarão na construção dos sentidos do texto.

Identificação da finalidade de um texto

Todo texto se realiza com uma determinada finalidade. Ele pode pretender informar ou esclarecer, expor um ponto de vista, refutar uma posição, narrar um acontecimento, fazer uma advertência, persuadir alguém de alguma coisa etc. O entendimento bem-sucedido de um texto depende, também, da identificação das intenções pretendidas por esse texto. E muitas vezes a finalidade não é clara ou não está explícita.

Ao analisar um texto, o leitor deve considerar a linguagem, as estratégias argumentativas, o estilo e outras marcas que podem identificar as finalidades desse texto, quando essas não estão evidentes. Sabe-se que muitos textos têm, intencionalmente, finalidades escondidas por diferentes motivos: para manipular ou influenciar as opiniões e os comportamentos do leitor (com o uso de palavras, estatísticas manipuladas, omissões seletivas de informações, distorções de fatos – o que gera, por exemplo, as *fake news*); para promover determinada ideologia, produto ou serviço, sem que o leitor perceba claramente essa intenção; para criar mistério ou suspense (especialmente em obras de ficção).

Distinção de um fato da opinião relativa a esse fato

Um leitor autônomo deve ser capaz de saber discernir em um texto quais informações são um fato e quais são opiniões relativas a ele. Um fato é uma informação objetiva e verificável, que pode ser comprovada por meio de evidências concretas, sem juízo de valor ou intepretações pessoais. Uma opinião é baseada em crenças pessoais, sentimentos, preferências ou julgamentos de valor. O leitor pode avaliar a universalidade da afirmação contida num texto: trata-se de fatos válidos independentemente de opiniões individuais ou são perspectivas pessoais ou de um grupo?

Muitas vezes, a opinião é transmitida como se fosse um fato para convencer o leitor, e é importante que ele tenha consciência disso para não ser enganado. O(A) professor(a) mediador(a) da leitura pode evidenciar diferentes estratégias utilizadas pelos autores para convencer seus leitores. Assim, é importante evidenciar se o texto apresenta diferentes perspectivas e pontos de vista ou se evidencia somente um lado da questão, sem reconhecer ou abordar opiniões contrárias, para influenciar o leitor por meio da omissão de informações. Também é interessante orientar os(as) educandos(as) quanto à credibilidade do autor e das fontes citadas no texto, para que possam desenvolver o pensamento crítico, questionar e analisar as informações apresentadas e para que sejam capazes de discernir entre fatos, opiniões e argumentos persuasivos, que são habilidades essenciais para leitura competente e uma participação ativa na sociedade.

Estabelecimento de relações entre partes de um texto, identificando repetições ou substituições que contribuem para a continuidade de um texto

É importante ao leitor competente identificar as relações entre partes de um texto, para ter uma visão mais clara e abrangente do texto como um todo, das partes e da organização e progressão das ideias apresentadas. A coesão construída a partir de palavras que retomam outros termos citados anteriormente no texto favorece a continuação da sequência lógica das ideias. Perceber essas características em um texto lido pode ajudar no momento em que o(a) estudante for produzir seus textos e, ao dominar as técnicas e habilidades de repetição e substituição, pode melhorar a fluência na escrita.

Compreensão de informações inferenciais no texto

A inferência é o ato de deduzir por raciocínio a partir de pistas no texto, ou seja, captar informações implícitas no texto. Pode-se inferir sobre conteúdo, intenções do autor ou significado de uma palavra, com base em marcas dadas pelo próprio texto, relacionadas com conhecimentos prévios do leitor (Marcuschi, 2008: 249). Por exemplo: elipses, sequências anafóricas; dêiticos, em especial de tempo e espaço; hiponímia e hiperonímia; relações sinonímicas e/ou antonímicas; analogias (relações de caráter mais tipicamente cultural e não lógico); metáforas etc.

Tais informações não estão explícitas no texto, e pode ser que o leitor não reconheça com tanta facilidade o sentido de determinada palavra, termo ou expressão, mas seu contexto de uso no texto pode levá-lo a formar uma ideia.

Identificação de efeitos de ironia ou humor

A forma como as palavras são usadas ou a quebra na regularidade de seus usos constituem recursos que, intencionalmente, são mobilizados para produzir, no interlocutor, certos efeitos de sentido. Para que a pretensão do autor tenha sucesso, é preciso que o interlocutor reconheça tais efeitos. Muitas vezes, a identificação de efeitos de ironia ou humor requer do leitor certas estratégias.

Por exemplo, é fundamental que o leitor tenha conhecimentos prévios sobre o autor, o gênero textual, o assunto do texto ou até conhecimentos extratextuais, próprios da cultura, da política, da sociedade, para compreender o sentido que o autor quis atribuir a determinada informação em seu texto. Muitas vezes, o humor ou a ironia acontecem devido ao contraste entre a expectativa e a realidade. Assim, o uso de figuras de linguagem, como metáforas, hipérboles e antíteses, por exemplo, pode indicar um sentido diferente do óbvio ou do que está explícito no texto. E é fundamental que, na mediação leitora, o(a) professor(a) consiga promover entre os(as) estudantes a construção desses processos de tomada de consciência das possibilidades de compreensão que um texto oferece.

Identificação de efeitos de sentido decorrente do uso da pontuação e de outras notações

A pontuação – como ponto final, vírgula, ponto de exclamação e ponto de interrogação – e outras notações – como aspas, parênteses, travessões – podem ter diferentes níveis de impacto em um texto. Elas podem indicar pausas, entonações, perguntas, informações adicionais (como citações diretas ou digressões) ou simplesmente contribuir para a fluidez da leitura. Podem também indicar destaques de partes importantes do texto, o tom emocional, a inclusão de informações explicativas ou restritivas, as sutilezas e as intenções do autor. Além de estarem vinculados intimamente à coerência do texto, os sinais de pontuação podem acumular outras funções discursivas, como aquelas ligadas à ênfase, à reformulação e à explicação adicional de trechos do texto.

O reconhecimento de diferentes usos e possibilidades dos efeitos de sentido decorrentes do uso da pontuação e de outras notações é fundamental para a compreensão mais aprofundada e precisa do conteúdo. Além disso, conhecer diferentes possibilidades de escolha dos autores pode também proporcionar ao leitor utilizar tais recursos em suas práticas de escrita.

Reconhecimento do efeito de sentido decorrente da escolha de uma determinada palavra ou expressão

A seleção de determinada palavra em lugar de outra pode corresponder a uma intenção particular do interlocutor de produzir certo efeito discursivo. Pode também transmitir nuances de significado e evocar diferentes emoções, atitudes ou associações. Ao identificar o efeito de sentido de uma palavra escolhida pelo autor, o leitor pode compreender as sutilezas e intenções transmitidas pelo texto.

Além disso, a seleção de uma palavra ou expressão pode impactar a força argumentativa de um texto e seu poder de persuasão. O leitor mais competente pode reconhecer tais estratégias, avaliar melhor os argumentos apresentados e realizar uma análise mais precisa das informações propostas no texto.

Optar por um diminutivo, por exemplo, pode ser um recurso para expressar uma ressalva, para desprestigiar um objeto, como pode, ao contrário, revelar afeto, carinho, aceitação. Optar por uma palavra estrangeira também tem seus efeitos. Trocadilhos, gírias, estrangeirismos, modismos, neologismos, metáforas e outros podem ser escolhidos especialmente pelo autor para causar no texto efeito interessante conforme o contexto. É importante que o leitor saiba considerar o contexto, para buscar identificar as possíveis intenções do autor.

Reconhecimento do efeito de sentido decorrente da exploração de recursos ortográficos e/ou morfossintáticos

Os efeitos de sentido decorrentes da exploração de recursos ortográficos e/ou morfossintáticos referem-se às mudanças de sentido possíveis devido às escolhas nos usos dos recursos que a língua proporciona, de forma intencional e consciente, para transmitir uma mensagem específica, enfatizar determinadas informações, criar ambiguidades por questões estilísticas etc.

Não é por acaso que, em certos textos, o autor opta por períodos mais curtos para, por exemplo, dar um efeito de velocidade; ou opta por inversões de segmentos para surtir certos efeitos de estranhamento, de impacto, de encantamento. Ou seja, mais do que identificar a estrutura sintática apresentada, vale discernir sobre o efeito discursivo provocado no leitor.

Identificação das marcas linguísticas que evidenciam o locutor e o interlocutor de um texto

Algumas marcas linguísticas podem evidenciar o locutor e o interlocutor de um texto de maneira mais ou menos explícita, como o uso dos pronomes pessoais, das formas e modos verbais, das citações e dos discursos diretos, que indicam a fala de um interlocutor. É importante saber que existem marcas explícitas, utilizadas naturalmente em um texto, e marcadores do discurso, utilizados intencionalmente para empregar determinada estratégia argumentativa. É especialmente essa estratégia argumentativa que o leitor competente deve compreender na leitura de cada gênero textual.

Em um relatório, por exemplo, podem-se utilizar formas diferentes para transmitir ideias semelhantes e tornar o texto mais ou menos impessoal na linguagem com as seguintes estratégias: 1) Adotar um agente inanimado: *O Ministério constatou problemas administrativos*. 2) Utilizar a voz passiva analítica: *Problemas administrativos foram constatados*. 3) Utilizar a voz passiva sintética: *Constataram-se problemas administrativos*. 4) Adotar um sujeito indeterminado: *Trata-se da constatação de problemas administrativos*. 5) Utilizar a 1ª pessoa do plural, considerando-se a posição do grupo em relação ao assunto: *Constatamos problemas administrativos*. No primeiro caso, o agente inanimado dá mais credibilidade ao sujeito, já que se fala no nome da instituição como um todo. No segundo exemplo, a ênfase está nos problemas administrativos. No terceiro exemplo, informa-se somente que problemas administrativos foram constatados, sem evidenciar quem os constatou. No quarto caso, o sujeito fica indeterminado na frase, o que dá a ela mais impessoalidade. E, na última possibilidade, utiliza-se a 1ª pessoa do plural para destacar a posição do grupo que realizou tais constatações. Mas, além de simplesmente conhecer as possibilidades linguísticas para transmitir uma informação, o mais importante é buscar identificar a intenção do redator e os diferentes impactos que tais escolhas podem causar em um texto.

As variações linguísticas, evidentemente, manifestam-se por formas, marcas, estruturas que revelam características (regionais ou sociais) do locutor e, por vezes, do interlocutor a quem o texto se destina. Essas variações são, portanto, resultado do empenho dos interlocutores para se ajustarem às condições de produção e de circulação do discurso.

Intertextualidade

Segundo Koch (2007), a intertextualidade é um "diálogo" entre textos, que pressupõe a identificação e o reconhecimento de remissões a obras ou a trechos textuais mais ou menos conhecidos. Nessa relação, um texto pode fazer referência, citar, parodiar ou influenciar outros textos. Pode ser uma conexão entre obras literárias, artísticas, culturais, ficcionais ou não ficcionais. Pode-se, por exemplo, utilizar algum trecho de música, de poema, para expressar pensamentos ou ideias em outro texto.

A intertextualidade pode se manifestar por meio de uma citação direta (para fazer uma homenagem, um diálogo, uma resposta etc.); por meio de uma paródia, alterando o estilo, o tom ou o conteúdo (para imitar ou satirizar o texto original, criando um novo significado ou uma nova perspectiva); por meio de uma alusão ou uma referência indireta a outro texto, sem citá-lo diretamente (pode ser uma alusão a personagens, eventos, mitos, obras literárias etc.).

Leitura crítica ou avaliativa

Além de ler e compreender as informações que estão explícitas no texto e as marcas inferenciais, o leitor deve também saber refletir sobre o que foi lido; relacionar o texto ao seu conhecimento de mundo; avaliar e analisar de forma consciente as ideias, os argumentos, as estratégias retóricas, as intenções do autor e os possíveis vieses que um texto pode apresentar; tirar conclusões a partir da leitura realizada e fazer julgamentos sobre as ideias expostas. É importante também que o leitor seja capaz de processar, criticar, contradizer e avaliar as informações que estão diante dele a partir de seus conhecimentos de mundo.

O(A) professor(a) pode contribuir para o desenvolvimento da leitura crítica ou avaliativa nos(as) estudantes jovens, adultos(as) e idosos(as) a partir de diferentes atividades pedagógicas, tais como: ensinar técnicas de análise textual com identificação e reconhecimento de estratégias argumentativas; estabelecer um ambiente respeitoso em sala de aula para expressão de opiniões divergentes; promover debates e discussões em sala de aula sobre os textos lidos, incentivando os(as) educandos(as) a expressarem suas ideias e opiniões e argumentarem baseados em evidências; propor perguntas desafiadoras para estimular a reflexão crítica; incentivar os(as) educandos(as) a também escrever de forma crítica, argumentando suas opiniões, para consolidar a compreensão e as diferentes formas de expressão.

PRODUÇÃO ESCRITA

Os jovens, adultos e idosos que retornam à escola têm, entre as principais motivações, o desejo de ler, compreender e produzir textos com autonomia. Isso porque sabemos que "todo o uso e funcionamento significativo da linguagem se dá em textos e discursos produzidos e recebidos em situações enunciativas ligadas a discursos da vida cotidiana e realizados em gêneros que circulam na sociedade" (Marcuschi, 2008: 22). Quando se propõe o ensino da escrita na escola, algumas perguntas são fundamentais: por que escrever? O que escrever? Para quem escrever? Para que escrever? Por que aprender a escrever?

O objetivo principal da produção de textos é a participação ativa e crítica na sociedade; por isso, é importante que a escola proponha situações de produção que se reportem a práticas sociais e a gêneros textuais que existam de fato, que circulem na sociedade. Assim, é necessário contemplar os gêneros que circulam nas diferentes esferas da atividade humana: literária, jornalística, midiática, científica, lúdica etc.

Para se chegar a tais objetivos, a professora ou o professor deve planejar propostas para a produção escrita de forma a estimular que o(a) estudante aprenda a "pensar por escrito", conforme propõem Ferrarezi Jr. e Carvalho (2015: 39). Segundo os autores, é importante que o(a) aluno(a) consiga:

a. diferenciar um texto voltado para o registro de informações de outro voltado à liberdade de criação;
b. ter um nível mínimo de alfabetização que garanta uma grafia minimamente correta;
c. dominar habilidades como as de resumir textos, expandir tópicos, ordenar ideias, garantir coerência e coesão por meio dos elementos disponíveis na língua;
d. ser capaz de juntar informação no mundo, selecionar, ordenar e utilizar essa informação em favor de seus objetivos;
e. entender a relação entre o que ele(a) escreve com o presumido leitor que terá;
f. desenvolver uma malícia para o jogo social do texto, entre outras habilidades básicas.

De forma específica, sugere-se apresentar, discutir e trabalhar na prática com os(as) educandos(as) não somente a leitura, mas também a escrita de diferentes gêneros textuais e, desse modo, evidenciar que cada texto tem uma estrutura específica. É importante mostrar ao(à) aluno(a) que, ao conhecer as características composicionais do gênero em que se pretende escrever, é possível elaborar o texto de acordo com essas convenções, próprias da estrutura estética, do estilo, da linguagem, de estratégias de coesão e referência, de relação com o leitor, do tom e estilo entre outras.

Nesse processo, é interessante destacar que os textos podem ser organizados em parágrafos (em que as ideias são agrupadas em unidades lógicas, com cada parágrafo normalmente abordando um tópico específico relacionado ao tema geral do texto) ou podem apresentar diferentes formatos e estruturas. Portanto, antes de apresentar a proposta de produção de um determinado gênero textual, é fundamental que a professora ou o professor discuta com a turma as características específicas e fixas de cada gênero e as características que podem ser modificadas.

São exemplos de alguns gêneros textuais de diferentes formatos e estruturas a **lista**, em que cada linha contém uma palavra ou frase; o **poema**, organizado em estrofes ou versos, em vez de parágrafos, com ritmo, sonoridade, recursos literários para transmitir emoções, imagens e ideias; o **anúncio** classificado, organizado por categorias, composto por título curto, descrições breves e informações para contato; **rótulo**, encontrado em embalagens de produtos, com informações sobre ingredientes, instruções de uso, composição, data de validade, entre outros, organizados em seções, geralmente com títulos e informações em destaque; a **propaganda**, que pode variar dependendo do meio de veiculação, do objetivo e do formato da peça publicitária, mas que geralmente tem i) uma estrutura básica composta por chamada ou título, para atrair a atenção do público-alvo, que pode ser uma palavra ou frase curta, impactante e criativa; ii) corpo ou mensagem central, com argumentos, benefícios, características, diferenciais etc.; iii) apelo para ação, como comprar o produto, visitar um site, participar de uma promoção, entre outros; iv) identificação da marca do anunciante; e v) elementos visuais ou audiovisuais, que ajudam a transmitir a ideia de forma mais impactante.

Há gêneros textuais que são tradicionalmente organizados em parágrafos, como a **biografia**, o **resumo**, a **carta**, o **artigo de opinião**, o **relatório**, a **petição** e muitos outros. Para os textos organizados em parágrafos, existem diferentes conhecimentos e habilidades necessários para realizar uma produção que tenha clareza, objetividade, coerência, concisão, precisão, correção textual e adequação às características do gênero textual proposto, como veremos a seguir.

Clareza

O objetivo de quem escreve é expressar a ideia que se tem em mente da forma mais clara possível, transferindo, com precisão, uma informação para o papel ou para os meios virtuais. Em textos constituídos por parágrafos, geralmente, a estrutura é organizada com introdução, desenvolvimento e conclusão. Além disso, há progressão lógica no fluxo do pensamento a cada parágrafo.

Normalmente, obtém-se a clareza no texto ao se organizar as ideias; evitar os períodos longos e as intercalações excessivas; escolher adequadamente o vocabulário para o sentido que se quer transmitir; evitar gírias, coloquialismos e expressões restritas a determinado grupo, que podem prejudicar a compreensão de um público mais amplo; pontuar adequadamente o texto; evitar acúmulo ou excesso de fatos, opiniões ou aspectos.

Objetividade

Objetividade e clareza são qualidades do texto que caminham juntas. A falta de alguma delas pode prejudicar o percurso da leitura. Ser objetivo é ir diretamente ao assunto que se deseja abordar, sem rodeios, sem redundâncias. Para conseguir isso, é fundamental que o redator saiba de antemão qual é a ideia principal da mensagem e quais as secundárias, pois aquela deve vir primeiro que estas. Para escrever bem, é preciso separar a ideia principal das secundárias, pois a mistura dessas ideias pode causar falta de clareza. A objetividade conduz o leitor ao contato mais direto com o assunto e as informações sem excessos de palavras e ideias.

Precisão

Todo texto claro apresenta vocabulário preciso e adequado ao contexto. A precisão, portanto, refere-se à escolha de termos que exprimam de forma específica a ideia a ser transmitida. Falhas nesse quesito decorrem da impropriedade vocabular, ou seja, da inadequação do termo escolhido ao gênero textual, ao destinatário ou à temática do texto. Também concorrem para a imprecisão o uso de vocábulos genéricos e a confusão entre homônimos e parônimos.

Obtém-se a precisão procurando encontrar a palavra certa por meio da consulta frequente ao dicionário; tendo cuidado com os sinônimos que não são adequados ao sentido da frase; certificando-se de escolher o termo que expressa exatamente a ideia a ser transmitida.

Concisão

A concisão refere-se à qualidade de um texto de conseguir transmitir bem a mensagem sem excesso de palavras ou informações desnecessárias, o que naturalmente o tornará mais claro. O mais interessante é, ao escrever, observar se há repetição desnecessária de ideias. E, ao final, após escrever o texto, revisá-lo e observar se há trechos que possam ser simplificados ou eliminados, sem prejuízo para a transmissão da mensagem.

A concisão está intimamente ligada à redução de um texto. E na redução do texto podem ser observados os seguintes critérios:

- **Redução extensiva**: trata-se da substituição de vocábulos e expressões por outros equivalentes no sentido, porém mais curtos.
  Ex.: *O tema que foi discutido → o tema discutido.*
  Fazer uma viagem → viajar.
  Espero que me responda → espero resposta.

- **Redução seletiva ou estilística**: são retiradas informações consideradas irrelevantes. Normalmente, são excluídas explicações desnecessárias de termos e ideias ou vocabulários sem significação precisa.
  Ex.: *Esta tem o objetivo de comunicar → Comunico.*
  Em resposta ao Ofício enviado por V. Senhoria → Em resposta a seu Ofício.
  "Informamos que a entrada, a frequência e a permanência nesta escola são terminantemente proibidas, seja qual for o pretexto, a pessoas que não fazem parte da comunidade escolar." → "É proibida a entrada de pessoas que não fazem parte da comunidade escolar."

Coesão e coerência

O texto apresenta coesão e coerência quando existe harmonia entre as ideias, isto é, quando elas apresentam vínculos adequados de sentido e quando a mensagem se organiza de forma sequenciada, tendo um início, um meio e um fim, sem contradições ou mudanças bruscas de pensamento, mantendo a unidade textual.

Denomina-se coesão o fenômeno que diz respeito ao modo como os elementos presentes no texto se encontram interligados por meio de recursos linguísticos, formando sequências de sentidos, colaborando para a coerência textual. Os mecanismos que estabelecem a coesão de um texto são: a referência, a substituição, a elipse, a coesão lexical e a conjunção (conexão).

A referência diz respeito aos termos que se relacionam a outros necessários à sua interpretação. Pode ser situacional (extratextual) ou textual. Esta pode dar-se por:

Anáfora: retomada de um termo antecedente no texto.

Exemplo: **O aluno** não participou da aula. **Ele** estava com covid.

Catáfora: referência a um termo citado posteriormente.

Exemplo: A professora pediu apenas **uma coisa: que todos se dedicassem aos estudos**.

A substituição é colocação de um item lexical no lugar de outro(s) ou de uma oração.

Exemplo: Quando os educadores **se empenham**, os alunos **fazem o mesmo**.

A elipse consiste na omissão de um termo recuperável pelo contexto.

Exemplo: O Diretor **explicou** os casos gerais; a professora, os particulares.

A coesão lexical é obtida por meio da reiteração de itens lexicais idênticos ou com o mesmo referente. Destacam-se, então, os sinônimos, os hiperônimos (termos de caráter mais genérico, como plantas) e os hipônimos (termos de caráter específico, como roseiras).

Exemplos:

Convém **desmistificar** aquele político; **desmascará**-lo é nossa obrigação (sinônimos).

O manifestante jogou um **tomate** na cara do ministro; a **fruta** estava podre (hipônimo/hiperônimo).

A conjunção é um recurso coesivo diferente dos anteriores porque depende das relações significativas estabelecidas entre orações, entre períodos ou entre parágrafos. Os principais elementos conjuntivos são as conjunções/locuções conjuntivas, os advérbios/locuções adverbiais, preposições/locuções prepositivas.

Exemplo: Gosto de refrigerante, **mas** prefiro suco.

Correção textual

A correção textual se refere ao processo de identificar e evitar erros que possam prejudicar a comunicação escrita, como erros de digitação ou de ortografia, erros gramaticais, de pontuação ou de estilo em um texto, que podem ocorrer por falta de atenção, pressa ou falta de revisão.

Na educação de jovens, adultos e idosos, ao corrigir erros textuais, é fundamental adotar uma postura respeitosa, considerando que determinadas variantes linguísticas podem ser parte do repertório linguístico do(a) educando(a) e podem trazer marcas de sua origem social, regional, profissional. Deve-se sempre evitar constrangimentos ou estigmatização dos(as) alunos(as). É importante enfatizar a correção textual como ferramenta para aprimorar a comunicação e a compreensão e não como instrumento para ridicularizar ou expor alguém.

O mais interessante é adotar *feedbacks* construtivos, destacando os acertos, os pontos positivos, os pontos de realce; não só destacando erros, faltas e falhas. Além disso, as sugestões e correções devem ser claras e precisas, para que o(a) educando(a) compreenda o que ele(a) pode melhorar. Em vez de dizer "o texto está confuso", o ideal é destacar o trecho específico e buscar mostrar de forma objetiva o que está gerando falta de clareza ou outro problema importante para a compreensão textual.

A correção textual deve ser vista como parte de um processo mais amplo de ensino-aprendizagem da língua portuguesa como língua materna, que busca não só desenvolver a habilidade de produção textual escrita, mas também o aprimoramento da comunicação de forma geral e, em especial, a comunicação por escrito, além da criatividade e da fluência das ideias.

ORALIDADE

Em diversos âmbitos profissionais e pessoais, os indivíduos serão demandados a expressarem oralmente seus desejos, suas necessidades, seus direitos, seus deveres; compartilhar suas ideias, seus pensamentos, suas crenças; perguntar, esclarecer, solicitar. Precisarão respeitar os turnos de fala, sua vez de falar e de escutar, sua capacidade de argumentar oralmente. No dia a dia, serão exigidas habilidades de negociação de papéis, de atenção focada, de tomada e manutenção da fala. Além disso, em diversas situações, precisarão evidenciar certa elocução, ou seja, performance oral, em um discurso social, político, religioso, entre tantos outros. Portanto, é dever da escola, como responsável pela educação formal dos(as) estudantes, investir no ensino e no aprimoramento da oralidade como eixo fundamental para os jovens, adultos e idosos atuarem com fluidez na sociedade.

Sugere-se trabalhar com diferentes gêneros textuais orais: diálogo; debate; seminário; jornal; entrevista; rádio; leitura de texto; contação de histórias lidas, vividas, assistidas, "causos" e histórias populares; discursos e palestras; pedido ou oferecimento de atendimento, informação ou instrução; relato; narração de eventos; descrição; comentários; declamação; representação cênica etc.

Para o(a) educador(a) sondar as habilidades em produção oral do(a) aluno(a) jovem, adulto(a) ou idoso(a), sugere-se, entre outras possibilidades, realizar atividades criativas e lúdicas a partir da leitura de livros literários, as quais podem ser interessantes para o(a) educando(a).

Após a leitura do livro literário e a devida exploração da obra, com compreensão das minúcias textuais, das características dos personagens, do tema proposto etc., o(a) professor(a) pode sugerir: reconto oral de um trecho do livro, do início, do desenvolvimento ou do fim da narrativa; dramatização da história em formato de teatro; transformação do texto escrito em filme, a ser encenado pelos(as) alunos(as); debate sobre as ideias apresentadas na obra; argumentação oral a respeito de aspectos expostos no livro; júri simulado, buscando defender personagens ou ações ocorridas; depoimentos sobre situações semelhantes às vivenciadas no livro etc.

Reyzábal (1999) organizou algumas categorias para produção oral que podem inspirar as professoras e os professores a planejar diferentes atividades para desenvolver a competência comunicativa oral de seus(suas) educandos(as):

- **Atividades de autoafirmação**: os(as) alunos(as) são postos(as) em situações que precisam defender direitos ou necessidades, opiniões, propostas, justificar comportamentos.
- **Simulação**: propor hipóteses e supor consequências, necessidades, riscos, dar alternativas; prever acontecimentos.
- **Criação**: elaborar propostas novas, inovar em técnicas de trabalho, gerar conclusões pessoais, imaginar, fantasiar.
- **Relação temporal**: relatar fatos, experiências propostas do passado ou do presente e antecipar possibilidades de futuro, sequenciar atos ou episódios.
- **Relação espacial**: a proposta é que os(as) alunos(as) possam descrever lugares, situações, âmbitos distantes do próprio, localizar fatos, inventar cenários;
- **Argumentação**: situações para o(a) aluno(a) defender, questionar opiniões, concepções, atitudes, explicar, reconhecer, caracterizar, definir, relacionar causa e efeito, informar, induzir, deduzir, resumir, levantar hipóteses.
- **Projeção**: o(a) aluno(a) identifica-se com os sentimentos e as propostas de outros ou diferenciar-se deles.
- **Regulação**: guiar ou orientar a própria atividade ou a do outro colega, corrigir ou supervisionar condutas, colaborar, apoiar, criticar e dar instruções.

As situações de expressão oral são bastante diversas e vão desde a realidade mais próxima dos jovens, adultos e idosos, como a comunicação mais livre, mais informal, de baixa tensão, mais relaxada, para circunstâncias mais próximas dos extremos formais e tensos da sociedade, como entrevistas de emprego, apresentação de proposta, debates, discursos, palestras etc. É papel da educação escolar formal proporcionar diversos exercícios e atividades para formar os(as) estudantes na competência comunicativa oral, tanto em relação à produção do conteúdo da expressão oral quanto em relação à forma de manifestação.

CONHECIMENTOS LINGUÍSTICOS

No ensino de português como língua materna, o eixo de conhecimentos linguísticos tem como objetivo o estudo, a compreensão e o uso de elementos estruturais e funcionais da língua, considerando a gramática, a sintaxe, a semântica, a pragmática, a fonética, a fonologia, a morfologia, entre outros, nos gêneros textuais que circulam na sociedade. O foco é oferecer aos(às) educandos(as) conhecimentos que lhes permitam ler e produzir textos orais e escritos considerando as possibilidades e sutilezas da língua.

Os conhecimentos linguísticos se relacionam diretamente com o desenvolvimento da competência metalinguística, ou seja, das capacidades de refletir sobre a própria língua e sobre as escolhas linguísticas aplicadas aos textos orais e escritos. Eles incentivam os(as) educandos(as) a analisar e compreender as estruturas, convenções, variações linguísticas.

A organização do ensino de Língua Portuguesa em quatro eixos – leitura, produção textual, oralidade e conhecimentos linguísticos – tem o objetivo de favorecer o planejamento do ensino de forma equilibrada e abrangente. Embora a professora ou o professor possam construir um plano de ensino considerando os conhecimentos linguísticos de forma transversal, ter um eixo específico para cada habilidade favorece um aprendizado mais global da língua.

Um texto é composto por diversos elementos linguísticos que, quando bem interpretados, proporcionam ao leitor uma melhor compreensão da riqueza oferecida pela leitura: efeitos de ironia ou humor gerados pela escolha linguística; efeitos de sentido decorrentes do uso da pontuação e de outras notações; efeitos de sentido decorrentes da escolha de determinada palavra ou expressão; efeitos de sentido decorrentes da exploração de recursos ortográficos e/ou morfossintáticos (escrever com erro gráfico propositadamente, mistura de palavras, mudanças na palavra original, criação de novas palavras etc.); marcas linguísticas que evidenciam o locutor de um texto (perceber se é homem ou mulher, criança ou adulto, ser animado ou inanimado etc.); expressões próprias da língua portuguesa, como ditados populares; intertextualidades; relações entre partes do texto (elementos de coesão, por exemplo: mas, porém, além disso etc.); repetições ou substituições que contribuem para a continuidade do texto (pronomes pessoais, demonstrativos, oblíquos, uso de uma palavra em vez de outra para evitar repetição etc.); imagens; cor; tamanho e tipo das letras; título do livro; nome de personagem e outros.

As práticas de linguagem contemporâneas não só envolvem novos gêneros e textos cada vez mais multissemióticos e multimidiáticos, como também novas formas de ler e produzir, de configurar, de disponibilizar, de replicar e de interagir. Assim, é fundamental que o(a) educando(a) seja capaz de interagir com esses textos multissemióticos e, obviamente, compreender suas nuances e especificidades.

A IMPORTÂNCIA DOS GÊNEROS TEXTUAIS NA INTEGRAÇÃO DOS EIXOS DA LÍNGUA

Quando se propõe a educação linguística a partir de gêneros textuais, consideram-se textos concretos, reais, com função social. Para contribuir para a formação de um leitor e produtor de textos orais e escritos eficiente, é necessário compreender as características do gênero textual, os interagentes ou interlocutor(es) a quem o texto se destina, o assunto, a finalidade, a linguagem, o contexto, o suporte. Elementos que se constituem e se influenciam mutuamente.

Um elemento que impacta diretamente a constituição de um texto são seus interlocutores: quem o produz, elabora, redige e quem o recebe ou com ele interage. Consideramos adequada a expressão "interagentes", pois o ideal é que haja interação entre quem produziu o texto e quem o lê. Essa interação, em um nível mais básico, estaria na identificação, pelo leitor ou ouvinte, de quem propõe o texto. Em um nível mais apurado, poderíamos observar interação quando o leitor ou ouvinte reconhece elementos linguísticos ou outros elementos de composição textual que identificam o autor do texto.

Considerando-se a teoria da *competência comunicativa*, sabemos que o assunto também influencia diretamente a composição de um gênero textual. Por exemplo, um e-mail de um gestor de determinado órgão público para os membros de sua equipe para tratar da elaboração do relatório anual de gestão será diferente de outro elaborado para convidar para uma festa junina. No primeiro caso, por ser um documento com tema formal, com procedimentos protocolares previstos em lei – e que, por isso, pode inclusive vir a ser auditado por um órgão de controle externo –, a linguagem, o uso dos elementos formais (vocativo, fecho, organização textual) acompanham a seriedade e o rigor na elaboração de tal texto. Já no caso do mesmo gênero textual, mas que agora tem como foco o convite para uma festa que também é bastante coloquial, a linguagem será mais informal, provavelmente composta com elementos que buscam remeter o leitor ao imaginário da linguagem caipira (cumpadi, cumadi, caipirá, ocê, tomém, arraiá etc.).

Outro fator essencial para a compreensão e a elaboração de determinado gênero textual é o seu objetivo e/ou a sua finalidade. Entendemos como objetivo o motivo pelo qual tal texto foi elaborado; e a finalidade como o que o autor pretende alcançar com aquele texto. Uma propaganda é um bom exemplo de gênero textual em que essa diferença pode ficar bastante destacada. Em geral, uma propaganda publicitária tem o objetivo de divulgar um produto ou serviço. E a principal finalidade é vender o produto ou serviço. Outro exemplo para clarear ainda mais a situação: um artigo de divulgação científica sobre uma pesquisa realizada em escola tem como objetivo principal divulgar os resultados da pesquisa concretizada; já sua finalidade (ou aquilo que o autor espera alcançar com a divulgação do texto) pode ser que os leitores coloquem em prática em suas salas de aula formas inovadoras e criativas de ensino, conforme apresentadas na pesquisa.

Em uma bula de remédio, o objetivo é informar sobre os dados mais relevantes do medicamento; e sua finalidade é que o paciente administre-o de maneira adequada. Em um rótulo de produto alimentício, o objetivo pode ser informar e/ou cumprir as exigências legais da Anvisa; e a finalidade pode ser mostrar ao consumidor que tal produto é saudável e levá-lo a consumir (mais). Em uma charge, o objetivo pode ser apresentar crítica social; e sua intenção levar o leitor a votar em determinado candidato à presidência da República, por exemplo. Cabe, neste momento, destacar que, muitas vezes, o objetivo e a finalidade do gênero textual coincidem. Nem sempre haverá objetivo diferente da finalidade.

Quando mencionamos aspectos contextuais, devemos considerar elementos intratextuais, aqueles que estão no próprio texto, e elementos extratextuais, aqueles que estão fora do texto, mas que também o impactam, como o momento político, social, cultural etc. Marcuschi (2008: 87) explica que a contextualização, em sentido amplo, envolve desde as condições imediatas até o contexto cognitivo, os enquadres sociais, culturais, históricos e todos os demais que possam entrar em questão em dado momento do processo discursivo.

Marcuschi define relações cotextuais, que se dão entre os próprios elementos linguísticos internos, como na concordância verbo-nominal, na regência, em todos os aspectos sintáticos, morfológicos e semânticos. O autor propõe que se analise também a situacionalidade e inserção cultural, que estamos chamando de contexto extratextual.

Marcuschi (2008: 177) identifica suportes convencionais como aqueles com a função de portarem ou fixarem textos, e suportes incidentais, ocasionais ou eventuais, como toda superfície física que pode, em alguma circunstância, funcionar como suporte. Em lista não exaustiva, classifica como suportes convencionais livros, revistas, jornais, livros didáticos, rádios, televisão, quadros de avisos, outdoors, encartes, fôlderes, faixas. Como suportes incidentais há embalagens, para-choque ou para-lamas de caminhão, roupas, corpo humano, paredes, muros, paradas de ônibus, estações de metrô, calçadas, fachadas, janelas de ônibus.

Acreditamos que o estudo de gêneros textuais pode contribuir significativamente para a formação de leitores e produtores de textos orais e escritos. Ao **analisarmos** gêneros textuais, poderemos exercitar a habilidade de examinar cuidadosamente os elementos intra e extratextuais e a relação daquele texto com seu leitor e seu impacto na sociedade em geral. Ao **lermos** gêneros textuais, poderemos desenvolver diversos níveis de leitura: leitura objetiva (leitura de informações que estão explícitas no texto), leitura inferencial (leitura de pistas ou marcas textuais que nos permitem inferir informações), leitura crítica (favorece o relacionamento desse texto específico com os conhecimentos de outros textos, de outras realidades, enfim, o conhecimento de mundo do leitor).

Além disso, atuar como **produtor** de gêneros textuais favorece o planejamento, a prática e a avaliação de todos os elementos que devem constituir o gênero textual, estudados neste capítulo. Por isso, o planejamento e o desenvolvimento dos trabalhos pedagógicos a partir de gêneros textuais pode impactar significativamente a formação de nossos(as) estudantes jovens, adultos(as) e idosos(as).

ATIVIDADES

PARTE 1
Atividades de compreensão e reflexão

Neste capítulo, apresentamos o ensino de Língua Portuguesa na educação de jovens, adultos e idosos contemplando os quatro eixos do ensino da língua materna (leitura, produção textual, oralidade e análise linguística) e os gêneros textuais. As atividades que sugerimos vão na direção de fazer refletir sobre o que temos discutido até aqui.

Atividade 1

Como a leitura objetiva, inferencial e crítica se complementam no processo de compreensão de um texto? Como mediar o processo de leitura para proporcionar autonomia a jovens, adultos e idosos de modo que eles se tornem leitores competentes?

Atividade 2

Discuta a importância do desenvolvimento da capacidade de leitura crítica. Em suas considerações, reflita sobre como essa abordagem pode ajudar os(as) educandos(as), fora da escola a desenvolver uma postura reflexiva, analítica e independente em relação às informações lidas em seu dia a dia.

Atividade 3

Como o reconhecimento dos efeitos de sentido decorrentes da escolha de palavras, expressões e recursos linguísticos pode contribuir para uma compreensão mais aprofundada e apreciativa dos textos? Dê exemplos de como esses recursos podem expressar diferentes intenções, emoções e contextos, impactando a compreensão leitora.

Atividade 4

Por que o trabalho com diferentes gêneros textuais é fundamental para o desenvolvimento da educação linguística crítica? Como a compreensão e a produção de diferentes gêneros textuais podem contribuir para a formação de jovens, adultos e idosos capazes de analisar, questionar e se posicionar de forma reflexiva e ativa diante dos discursos presentes na sociedade?

Atividade 5

Como você, como professor(a), pode abordar os conhecimentos linguísticos no ensino de português como língua materna de forma crítica e reflexiva, a fim de empoderar os(as) estudantes para que sejam conscientes das possibilidades e sutilezas da língua ao ler e produzir textos orais e escritos?

PARTE 2
Exercícios críticos/reflexivos

Gostaríamos de convidar você para, a partir da leitura do texto e das reflexões propostas até aqui, colocar-se no lugar de um(a) professor(a) que atua na educação de jovens, adultos e idosos e que pretende trabalhar em sala de aula os eixos discutidos no capítulo.

Atividade 1

Selecione um gênero textual real para proporcionar o desenvolvimento da **compreensão leitora** dos(as) estudantes. Preferencialmente, selecione elementos linguísticos intratextuais, isto é, presentes no texto, e elementos extratextuais que possam levar a reflexões aprofundadas sobre diferentes aspectos, para o desenvolvimento da compreensão leitora dos(as) estudantes, como visto neste capítulo.

Atividade 2

Agora, pense em uma proposta de **produção textual** que se relacione com a realidade pessoal e profissional dos(as) seus(suas) alunos(as). Pense em um gênero textual importante, um interlocutor real, um assunto significativo e uma finalidade factível.

Atividade 3

Proponha uma atividade para desenvolvimento da **competência comunicativa oral** para a educação linguística de jovens, adultos e idosos. Pense em um tema atual e relevante, que possa despertar o interesse dos(as) alunos(as), como meio ambiente, tecnologia, mundo do trabalho, desigualdade social, entre outros, para promover um debate em sala de aula com argumentos e contra-argumentos.

Atividade 4

Como temos visto ao longo do livro, no ensino de português como língua materna, o eixo de **conhecimentos linguísticos** tem como objetivo o estudo, a compreensão e o uso de elementos estruturais e funcionais da língua para que os(as) educandos(as) possam ler e produzir textos orais e escritos, conscientes das possibilidades e sutilezas da língua. Selecione uma capa de revista apropriada ao perfil dos(as) estudantes da sua turma, com: 1) conhecimentos extratextuais (próprios da sociedade, da política, da economia, da cultura) fundamentais para a compreensão do texto; 2) efeitos de ironia ou humor, pela escolha de palavras ou expressões; ou 3) marcas linguísticas que evidenciam os interlocutores. Elabore perguntas para que os jovens, adultos e idosos compreendam tais aspectos da língua e o impacto deles na construção da compreensão do texto.

Atividade 5

Como você desenvolveria o trabalho com cada um dos eixos da língua (leitura, produção escrita, oralidade e conhecimentos linguísticos) na educação de jovens, adultos e idosos? E como realizaria a integração desses eixos para promover o desenvolvimento da competência comunicativa dos(as) alunos(as)?

Sequência didática de língua portuguesa na EJAI

TROCANDO EXPERIÊNCIAS

O diálogo que faremos neste tópico denomina-se *trocando experiências*, porque parte das vivências de uma professora e de professores em formação da área de Letras e Pedagogia, planejadas, desenvolvidas, refletidas e ressignificadas para o contínuo aprimoramento de suas práticas. A compreensão da realidade dos(as) educandos(as) e da realidade da comunidade escolar, baseada na reflexão teórica, é condição para um aprendizado significativo e transformador.

As experiências serão aqui compartilhadas com a intenção de que possam servir como base para a interlocução entre professoras e professores acerca do ensino de língua portuguesa como língua materna para sujeitos da educação de jovens, adultos e idosos. As sequências didáticas aqui descritas não estão prontas nem acabadas, nem pretendem ser uma receita para todas as turmas de EJAI. Elas têm o objetivo de materializar uma possibilidade de atuação e inspirar futuras(os) profissionais de Letras e Pedagogia a refletirem sobre práticas educativas voltadas ao desenvolvimento dos letramentos de estudantes da EJAI.

Assim, essas sugestões podem ser apreciadas, estudadas, discutidas, adaptadas a diferentes contextos, compartilhadas e modificadas, sendo essencial a sua apropriação numa perspectiva crítica e adequada aos diferentes contextos educacionais.

A organização do trabalho pedagógico a partir de sequências didáticas consiste em um procedimento de ensino em que um tema é focalizado em passos ou etapas encadeadas. A proposta de ensino contempla todos os eixos da língua (leitura, produção textual, oralidade e conhecimentos linguísticos) e trabalha com gêneros textuais orais e escritos adequados à realidade dos(as) estudantes.

ESCUTA SENSÍVEL E RESPEITOSA PARA IDENTIFICAR O TEMA GERADOR

Partimos da escuta sensível, amorosa e acolhedora para valorizar a voz do outro, respeitá-la. Essa prática constante pode promover as habilidades de falar, ouvir, ler e escrever e, consequentemente, pode favorecer a formação de sujeitos capazes de se comunicarem em diferentes instâncias sociais.

Nesse diálogo, os(as) estudantes expuseram o desejo de conhecer melhor os recursos da fotografia, porque estavam muito interessados em aprender a utilizar o Instagram, o Facebook, o Mercado Livre ou outra rede social on-line de compartilhamento de fotos e vídeos, com ou sem texto. O interesse maior era aprender a utilizar esses recursos não só para criar perfis pessoais para lazer, mas especialmente para criar perfis para anunciar produtos ou serviços ou divulgar iniciativas de grupos. A partir dessa demanda, os(as) professores(as) em formação da área de Letras e Pedagogia criaram uma sequência didática de ensino de Língua Portuguesa que pudesse contemplar os passos ou etapas para apropriação desses recursos multimodais.

Os textos multimodais em nosso cotidiano são múltiplos em diferentes formatos, para diversos propósitos, em todos os contextos nos quais podemos estar inseridos. Eles podem ser escritos, podem ter sons, palavras, imagens estáticas ou em movimento. Os textos, seus contextos e suas finalidades comunicativas estão presentes em tudo em nosso dia a dia. Nosso desafio, enquanto professoras e professores de Língua Portuguesa, é elaborar estratégias pedagógicas que façam com que nossos(as) alunos(as) leiam os textos multimodais que circulam nos mais diversos domínios discursivos com interesse e consciência crítica de desvendar suas potencialidades sobre o que foi dito, o interdito e até o não dito.

O trabalho com gêneros multimodais a partir do uso de tecnologias digitais pode estimular a reflexão sobre diferentes linguagens (oral, visual, corporal, sonora, digital) para se informar, para refletir e para propor discussões, argumentações, posicionamentos, entre muitos outros.

Assim, pensando nessas potencialidades, planejamos iniciar o trabalho a partir da identificação dos conhecimentos da fotografia como forma de comunicação, expressão artística, registro histórico, documentação científica, documentação pessoal, expressão individual, memórias, educação, jornalismo, publicidade e marketing. Para isso, o contorno do tema foi discutido oralmente, com os(as) educadores(as) atuando com mediadores(as), a partir de perguntas que pudessem nortear as discussões e orientar os(as) educandos(as). Foi entregue uma folha em branco para que cada estudante listasse por escrito o que conheciam sobre a fotografia nesses diferentes âmbitos.

O registro individual das informações em uma folha em branco tinha alguns objetivos: incentivar a prática do registro (para os(as) alunos(as) compreenderem a importância da escrita das ideias para que elas não se percam); organizar as informações que lhes vinham à mente; desenvolver a autonomia e promover a reflexão pessoal sobre o assunto (em vez de só escutar o que os colegas pensam, eles assumiram o controle dos seus pensamentos); estimular a concentração individual e do grupo (durante a tarefa todos(as) estavam concentrados(as) na mesma atividade); estimular a criatividade (os(as) alunos(as) foram encorajados a explorar sua imaginação e pensar de modo criativo); fomentar o autoconhecimento (identificar suas próprias crenças e valores com mais autonomia); facilitar o processo de revisão (para observar possíveis incoerências ou lacunas, amadurecer os pensamentos); promover o desenvolvimento do pensamento crítico (especialmente a partir dessa prática frequente).

O momento seguinte foi propor a apresentação das ideias individuais em pequenos grupos. Essa forma de desenvolver a oralidade foi escolhida para que os(as) estudantes se sentissem mais à vontade e seguros(as) para compartilhar suas ideias, por estarem em um ambiente menor e mais acolhedor. Após essa troca entre os(as) alunos(as), eles(as) deveriam selecionar um representante para expor as ideias do grupo para a turma. O trabalho no pequeno grupo pôde proporcionar, também, a cooperação e a colaboração entre os(as) alunos(as), uma vez que eles precisaram trabalhar juntos para organizar e apresentar as ideias. Nessa etapa, foram desenvolvidas habilidades de negociação e argumentação, à medida que discutiam e justificavam suas ideias ao pequeno grupo.

Na etapa seguinte, foi criada uma roda de conversa, em que um representante de cada grupo compartilhou as ideias, um de cada vez. Nessa proposta, os(as) educandos(as) puderam desenvolver a escuta ativa e respeitosa das ideias, o respeito e a valorização das diferentes perspectivas e opiniões, além, claro, da expressão oral e argumentação.

APRECIAÇÃO DE DIVERSAS IMAGENS ARTÍSTICAS

Em um encontro seguinte, foram entregues diversas imagens, como retratos, paisagens, eventos históricos e obras de arte famosas e impactantes, as quais haviam sido selecionadas previamente para essa atividade. Os jovens, adultos e idosos foram orientados a observarem os detalhes composicionais da imagem e falar, para a turma, as suas impressões sobre a aquela que recebeu. Se quisessem, poderiam pesquisar na internet mais informações sobre as imagens, para compreender melhor as formas de produção e circulação, algum histórico sobre a fotografia e algumas críticas já realizadas, com vista a inspirar a sua própria análise.

Foram selecionadas as seguintes imagens: retrato de *Mona Lisa*, pintado por Leonardo da Vinci; foto de um pôr do sol em uma praia paradisíaca; fotografia da chegada do homem à Lua em 1969; *O Grito*, pintura de Edvard Munch; fotografia da menina afegã Sharbat Gula, capturada por Steve McCurry; foto da escultura *Pietà*, de Michelangelo; foto de Ayrton Senna vencendo o GP do Brasil em 1991.

O objetivo dessa atividade foi estimular a observação atenta, a expressão verbal e a capacidade de análise crítica dos(as) estudantes. Ao apresentar uma variedade de imagens, a atividade buscou envolver os jovens, adultos e idosos em uma discussão sobre aspectos composicionais e temáticos. Através da observação dos detalhes e dos elementos presentes nas imagens, os participantes foram encorajados a compartilhar suas impressões, opiniões e interpretações sobre o que estavam vendo e sentindo a partir da apreciação das expressões artísticas. A ideia era promover o desenvolvimento das habilidades de comunicação oral, expressão de ideias e argumentação.

Ao permitir que os participantes pesquisassem mais informações sobre as imagens, a atividade também incentivava a busca por conhecimentos adicionais e o aprofundamento do entendimento sobre as formas de produção e circulação das imagens, bem como seu contexto histórico e críticas já realizadas. Dessa forma, a atividade visou promover a apreciação estética, o pensamento crítico e a capacidade de análise visual dos participantes, ao mesmo tempo que estimulou a curiosidade e a pesquisa independente. Além disso, ao compartilhar suas perspectivas individuais sobre as imagens, os participantes tiveram a oportunidade de enriquecer a discussão coletiva e promover a diversidade de interpretações.

PESQUISA SOBRE COMO TIRAR BOAS FOTOS

Após discutirmos o impacto que uma imagem pode causar, retomou-se o objetivo geral da sequência didática, que era compreender melhor a fotografia, uma vez que, como apontado anteriormente, os(as) educandos(as) estavam muito interessados(as) em aprender a utilizar o Instagram, o Facebook, o Mercado Livre ou outra ferramenta on-line de compartilhamento de fotos como recurso para anunciar produtos e serviços.

Então, nos computadores do laboratório de informática da escola, os(as) alunos(as) buscaram no Google dicas de como tirar fotos para vender produtos. Um(a) dos(as) estudantes encontrou no site do Sebrae um texto sobre como tirar fotos de produtos para vender mais (disponível em https://www.sebrae-sc.com.br/blog/como-tirar-fotos-de-produtos) e compartilhou com a turma. A página orientava a tirar fotos com boa resolução; tirar várias fotos do mesmo produto; fotografar detalhes do produto; usar fundo branco, para destacar o produto e ajudar na hora da edição; ver se o enquadramento está proporcional ou se o objeto que deve ser destacado está posicionado de forma que chame a atenção em todo o cenário; ter atenção à iluminação; buscar ângulos diferentes; garantir a estabilidade da câmera; proporcionar uma noção de escala para o cliente ter noção do tamanho do produto; aprender a editar fotos; entre outras.

Foram apresentados alguns anúncios com fotos de qualidade inferior para os(as) educandos(as) refletirem sobre suas impressões. Foram mostradas, por exemplo, fotos embaçadas, tremidas, distorcidas, com enquadramento desproporcional, com má iluminação e que não proporcionavam uma ideia real do tamanho do produto para que os(as) estudantes buscassem identificar esses problemas. Depois, foram localizados e analisados anúncios com boa qualidade de texto e imagem.

ECONOMIA SOLIDÁRIA, COOPERATIVISMO E SUSTENTABILIDADE

Ao final desse encontro, os(as) alunos(as) foram convidados(as) a buscar em suas casas roupas, sapatos e outros objetos em bom estado, que não usavam mais e que poderiam ser anunciados para venda nas redes sociais. Nesse encontro, falou-se sobre a importância de se adotar hábitos de consumo mais conscientes e a prática sustentável de consumo, como a compra e venda de roupas e outros objetos em brechós, estimulando a economia local e o reaproveitamento de peças que ainda estão em bom estado de uso.

Debatemos com a turma os conceitos de **economia solidária, cooperativismo e sustentabilidade**, que são formas de organização econômica, social e ambiental que buscam promover a solidariedade, a autogestão e a cooperação entre os participantes e se baseiam em relações de trabalho igualitárias, democráticas e colaborativas, visando à satisfação das necessidades dos indivíduos, o desenvolvimento sustentável das comunidades e a preservação do meio ambiente.

No encontro seguinte, cada estudante expôs os objetos escolhidos para "desapegar". Para isso, cada aluno(a) deveria fazer uma consulta em preço de produto similar ao seu novo e/ou usado, para pensar em um preço que consideravam justo para cada peça. Depois disso, os jovens, adultos e idosos foram convidados a experimentarem fotografar seu produto para ser anunciado na internet. Com as fotografias prontas, era hora de pensar o texto que acompanharia as imagens.

Antes de pedir para os(as) alunos(as) simplesmente escreverem, foram apresentados(as) alguns textos de anúncio bem elaborados. Foi pedido aos(às) estudantes que observassem e analisassem a linguagem utilizada, as palavras escolhidas, os recursos persuasivos e os elementos que chamavam atenção do leitor. Nesse momento, foram explorados sinônimos, antônimos, metáforas e outras expressões para promover os benefícios dos produtos e descrever suas características. A mediação dos(as) professores(as) foi fundamental para destacar os elementos que tornavam os anúncios bem-sucedidos.

Para expressar a importância de uma escrita bem feita de um anúncio, foi contada para os(as) educandos(as) a seguinte história:

> Certa vez, um grande amigo do poeta Olavo Bilac queria muito vender uma propriedade – de fato, um sítio que lhe dava muito trabalho e despesa. Reclamava que era um homem sem sorte, pois suas propriedades davam-lhe muitas dores de cabeça, e não valia a pena conservá-las. Pediu ao amigo poeta, então, para redigir o anúncio de venda do seu sítio, pois acreditava que, se ele descrevesse a sua propriedade com palavras bonitas, seria muito fácil vendê-la.
>
> E assim Olavo Bilac, que conhecia muito bem o sítio do amigo, redigiu o seguinte texto:
>
> "Vende-se encantadora propriedade onde cantam os pássaros ao amanhecer no extenso arvoredo. É cortada por cristalinas e refrescantes águas de um ribeiro. A casa, banhada pelo sol nascente, oferece a sombra tranquila das tardes na varanda."
>
> Meses depois, o poeta encontrou o seu amigo e perguntou-lhe se tinha vendido a propriedade. "Nem pensei mais nisso", respondeu ele. "Quando li o anúncio que você escreveu, percebi a maravilha que eu possuía."
>
> Observação: Não se sabe a autoria do texto ou se o episódio com o jornalista e poeta Olavo Bilac de fato aconteceu. O texto começou a circular na internet por volta de 2008. Disponível em: https://www.pensador.com/frase/MjAyNzg0MQ/

Depois de refletir em sala de aula sobre a importância da escolha das palavras e da elaboração de um texto claro, preciso e convidativo, os(as) educandos(as) foram estimulados(as) a pesquisarem em sites de venda de produtos que oferecessem dicas de como criar anúncios eficientes em suas plataformas. Cada estudante acessou a internet e leu individualmente as dicas. Depois disso, foi discutido em sala quais dicas eram mais importantes, quais deveriam ser seguidas. E cada aluno(a) ou dupla ou trio de alunos(as) começaram a planejar cada passo proposto:

1. Elaborar um título claro, pois o título é o primeiro contato do cliente com o produto. A proposta foi registrar produto – marca – modelo – características mais relevantes (da informação mais geral para a mais específica). Exemplo: Celular iPhone 14 novo, com tela quebrada;
2. Escrever a ficha técnica corretamente, com especificações do produto, como marca, modelo, tamanho, cor etc. Nessa tarefa, os(as) alunos(as) foram orientados(as) a apresentarem informações baseados(as) nos anúncios que viram e nos objetos que escolheram para simular a venda.

Caso algum(a) estudante não soubesse algum dado, deveria buscá-lo para que o anúncio tivesse as informações necessárias e precisas;
3. Descrever o produto detalhadamente no corpo do anúncio. Os(As) alunos(as) deveriam estruturar as informações da forma mais organizada possível, incluindo o que fosse mais relevante nas primeiras partes da descrição – essa atividade demandou uma estratégia de selecionar e organizar as informações. Depois disso, deveriam acrescentar as demais informações que poderiam interessar ao comprador, como, por exemplo, mais características do produto que ainda não foram mencionadas. Alguns(mas) alunos(as) preferiram elaborar a descrição com base em perguntas para dar respostas antecipadas.

Os(As) alunos(as) foram orientados(as) a agirem com ética e honestidade e se certificarem de que tudo o que foi prometido no anúncio corresponderia ao que estava sendo oferecido. Ao terminar, foram estimulados(as) a reler o próprio texto, para evitar erros gramaticais ou de digitação. Em seguida, um(a) colega foi convidado(a) a fazer uma segunda ou terceira revisão do texto.

Com tudo pronto, os(as) alunos(as) foram atraídos(as) a conhecerem como ficou o anúncio dos(as) colegas e avaliarem, conforme os seguintes critérios: capacidade persuasiva do título, clareza da mensagem, relevância das informações, atratividade visual e impacto geral do anúncio. Caso necessário ou inspirado pelo anúncio de outra pessoa, quem quisesse poderia alterar ou corrigir algo no seu texto, de forma a aprimorar sua versão final, que de fato foi disponibilizada nas redes sociais e nos sites de venda de produtos.

AVALIAÇÃO DO PROCESSO E PROJETOS FUTUROS

Ao final, a professora, os professores de Letras e Pedagogia em formação e os(as) educandos(as) se reuniram para avaliar o processo. Foi pedido que cada um compartilhasse experiências, desafios enfrentados e aprendizados adquiridos ao longo do caminho. Depois disso, foram avaliados os anúncios de venda elaborados, em termos de qualidade, eficácia e alcance dos objetivos propostos.

As avaliações foram bastante positivas. Nessa roda de conversa, os(as) alunos(as) agradeceram e valorizaram a oportunidade de aprenderem a criar um bom anúncio e a postá-lo em aplicativos de vendas, como Mercado Livre, OLX e Enjoei, e em redes sociais, como Facebook, Instagram e WhatsApp.

A professora e os professores em formação de Letras e Pedagogia avaliaram que a sequência didática proporcionou diversos conhecimentos e habilidades significativos para a educação linguística dos jovens, adultos e idosos. Consideramos que houve engajamento do grupo em todas as atividades, especialmente por haver um interesse real em aprender o que era proposto como possibilidade de aplicar tais conhecimentos nas necessidades do dia a dia, ou seja, houve relevância temática. Além disso, as atividades se relacionaram ao contexto de vida, experiências e vivências dos(as) alunos(as), o que facilitou a compreensão e aplicação prática das propostas. A sequência didática teve uma progressão e as atividades propostas possibilitaram um avanço gradual na aprendizagem, de maneira sequencial e articulada.

Os participantes propuseram, a partir dessa experiência, uma feira de troca de produtos usados em bom estado, que não estão em uso, agora com toda a comunidade escolar. A partir dessa ideia que surgiu do grupo, uma nova sequência didática foi elaborada. Sugerimos que fosse estabelecida uma equipe responsável pela organização da feira, composta por dois representantes de cada turma, além de dois professores e dois funcionários da escola. Os(As) alunos(as) combinaram a data e o local mais adequados para a realização do evento e organizaram um plano de divulgação para informar e engajar a comunidade escolar na feira de troca.

Os(As) estudantes foram os protagonistas na elaboração de um plano de divulgação em diferentes canais de comunicação, como cartazes, murais, site da escola, redes sociais e aplicativos de mensagens. Os gêneros textuais elaborados defenderam a importância da feira como iniciativa de economia solidária, cooperativismo e sustentabilidade.

Depois dessa iniciativa, surgiu a ideia de a turma se organizar para construir uma parceria de plantação de horta verde, com produtos orgânicos. Os(As) alunos(as) se organizariam por área de afinidade e interesse, alguns ficariam responsáveis pelo cultivo e colheita dos produtos da horta; outros cuidariam da divulgação; outros da entrega e da venda; e outro grupo, da administração financeira dos recursos arrecadados. Esse projeto se tornou autônomo, desenvolvido inteiramente pelos(as) estudantes, com a liderança e coordenação de alguns colegas. E a proposta era manterem os princípios aprendidos em sala de aula: escuta ativa e respeitosa;

desenvolvimento da leitura para pesquisa e estudo de informações; cuidado e primor na elaboração das fotos e textos de divulgação dos produtos e serviços oferecidos; dentre outros.

Nessa sequência didática, buscamos mostrar aos(às) estudantes de Letras e Pedagogia, a partir de uma vivência real em turma de EJAI, algumas das orientações que propusemos ao longo do livro. Pode-se perceber que o **tema da sequência didática** surgiu a partir do diálogo da educação como prática da liberdade, como proposto por Freire, ou seja, do *universo temático* ou da *temática significativa* ou ainda do *tema gerador* proposto pelos(as) educandos(as), com base em seus interesses pessoais e profissionais.

Todo o processo educativo foi conduzido com a **mediação pedagógica** dos(as) professores(as) em formação inicial – no caso estudantes de Letras e Pedagogia de uma universidade pública federal brasileira – por meio da **pedagogia da pergunta**, isto é, utilizando frequentemente perguntas como estratégia pedagógica para ensinar e despertar a reflexão crítica dos(as) alunos(as) e levá-los(as) a repensarem suas perspectivas.

Além disso, foram trabalhados todos os **eixos para o ensino da Língua Portuguesa (leitura, produção textual, oralidade, conhecimentos linguísticos)** a partir de leitura, análise, reflexão e produção de **gêneros textuais orais e escritos** reais, próprios para a realidade dos(as) estudantes jovens, adultos(as) e idosos(as).

No **eixo de leitura**, foram propostas perguntas para mediar a levar a compreensão leitora em todos os níveis: **leitura objetiva, inferencial e crítica**. O eixo dos **conhecimentos linguísticos** foi trabalhado não só na leitura, mas também na escrita de textos e na escolha das palavras e expressões utilizadas nas interações orais. A proposta de **produção textual** teve objetivos, interagentes, tema e suporte autênticos, o que levou os(as) estudantes a quererem produzir um texto escrito e imagético bem elaborado e revisado, com o cuidado que se deve ter em ser claro, objetivo, preciso e correto, pensando que interlocutores reais iriam ler aquele texto, além da professora.

Pode-se considerar que a **produção oral** realizada ao longo dessa sequência didática também foi bastante significativa, construída com base no respeito às ideias do outro, no direito de falar e de ouvir, no respeito aos turnos de fala, às ideias diferentes, na expressão com clareza, de modo que o outro fosse capaz de compreender as informações transmitidas e os argumentos utilizados.

ATIVIDADES

PARTE 1
Atividades de compreensão e reflexão

No capítulo anterior, argumentamos que, em relação à educação linguística, o principal papel da escola é, dentre outros, o de formar pessoas preparadas para atuar com autonomia nos quatro eixos relativos à língua: leitura, produção textual, oralidade e conhecimentos linguísticos. Além de um cidadão capaz de agir na sociedade, demandando seus direitos e cumprindo com consciência seus deveres, forma-se um indivíduo preparado para ler e produzir diferentes textos, compreender os usos e as escolhas dos elementos linguísticos e se expressar oralmente em diferentes situações.

A intenção deste capítulo foi compartilhar experiências práticas que possam servir como base para a interlocução entre professoras e professores acerca do ensino de língua portuguesa como língua materna para sujeitos da educação de jovens, adultos e idosos. As propostas aqui descritas tiveram o objetivo de materializar possibilidades de ação para demonstrar o que estamos sugerindo como educação linguística e inspirar futuras(os) profissionais de Letras e Pedagogia a refletirem sobre a elaboração de uma prática educativa voltada ao desenvolvimento dos letramentos de estudantes da EJAI.

A proposta é que o trabalho pedagógico a partir de sequências didáticas seja um procedimento de ensino organizado em passos ou etapas encadeadas que possa contemplar todos os eixos da língua (leitura, produção textual, oralidade e conhecimentos linguísticos) e trabalhar com gêneros textuais orais e escritos adequados à realidade dos(as) estudantes.

Gostaríamos de convidar você a apreciar conosco cada etapa da sequência didática vivenciada em uma turma da EJAI.

Atividade 1

Ao longo de todo o livro, estamos evidenciando a necessidade de trabalhar a partir de uma escuta sensível, amorosa e acolhedora para valorizar os desejos de aprendizagem do outros e suas necessidades pessoais e profissionais. A ideia também é que essa prática frequente possa dar impulso à competência comunicativa oral e escrita e contribuir para a formação de sujeitos capazes a se expressarem em diferentes instâncias sociais.

Quando somos ouvidos de maneira sensível e amorosa, em geral, sentimo-nos encorajados a nos expressarmos de forma clara e autêntica e nos sentimos genuinamente ouvidos. Assim, estamos também mais dispostos a ouvir os outros com empatia, o que pode vir a fortalecer as interações e a construção de vínculos interpessoais mais éticos, saudáveis e respeitosos.

Convidamos você a voltar ao texto e refletir especificamente sobre o processo de escuta sensível proposto para iniciar toda a sequência didática apresentada. De que modo a abordagem pedagógica descrita, que valoriza a escuta ativa e o respeito às diferentes perspectivas, pode contribuir para o desenvolvimento da consciência crítica dos(as) estudantes jovens, adultos(as) e idosos(as)? Você acredita que esse diagnóstico inicial pode tornar o processo de ensino-aprendizagem mais interessante para as educandas e os(as) educandos(as)? E para as professoras e os professores? Por quê?

Atividade 2

Ao longo do capítulo, vimos que os textos multimodais em nosso cotidiano são múltiplos em diferentes formatos, para diversos propósitos, em todos os contextos sociais. Nosso desafio, como professoras e professores de Língua Portuguesa, é elaborar estratégias pedagógicas que façam com que nossos(as) alunos(as) leiam os textos multimodais que circulam nos mais diversos domínios discursivos com interesse e consciência crítica de desvendar suas potencialidades sobre o que foi dito, o interdito e até o não dito.

Você acredita que o trabalho com gêneros multimodais a partir do uso de tecnologias digitais pode estimular a reflexão sobre diferentes linguagens (oral, visual, corporal, sonora, digital), com diferentes finalidades (se informar, refletir, discutir, argumentar etc.)? Como pode ser desenvolvido esse trabalho nas turmas de EJAI?

Atividade 3

Você deve ter observado que, na sequência didática, foram utilizadas metodologias pedagógicas diversificadas, pensando em contemplar todos os eixos para ensino da língua portuguesa. Há momentos de discussão oral com toda a turma, com os(as) educadores(as) atuando com mediadores, há apresentação oral em pequenos grupos, há roda de conversa com toda a turma, há leitura individual com compreensão linguística e há leitura coletiva objetiva, inferencial e crítica mediada pelos(as) educadores(as). Além disso, há produção textual em diferentes momentos, com diferentes finalidades.

De que maneira a diversidade de metodologias pedagógicas utilizadas na sequência didática pode contribuir para o desenvolvimento das potencialidades linguísticas dos(as) estudantes na disciplina de Língua Portuguesa na educação de jovens, adultos e idosos?

Atividade 4

Por que o trabalho com diferentes gêneros textuais é fundamental para o desenvolvimento da educação linguística crítica? Como a compreensão e a produção de diferentes gêneros textuais podem contribuir para a formação de jovens, adultos e idosos capazes de analisar, questionar e se posicionar de forma reflexiva e ativa diante dos discursos presentes na sociedade?

Atividade 5

Na sequência didática apresentada, nós debatemos com a turma os conceitos de **economia solidária, cooperativismo e sustentabilidade**, que são modos de organização econômica, social e ambiental que buscam impulsionar a solidariedade, a autogestão e a cooperação entre os participantes e se fundamenta em relações de trabalho colaborativas, no desenvolvimento sustentável das comunidades e na preservação do meio ambiente. Você considera esse tema importante para ser discutido em turmas de EJAI? Por quê? Planeje como você conduziria a reflexão e compreensão dos conceitos de economia solidária, cooperativismo e sustentabilidade em sala de aula a partir de um gênero textual que favoreça a expressão oral ou escrita dos(as) educandos(as).

PARTE 2
Exercícios críticos/reflexivos

Gostaríamos de convidar você para, a partir da leitura do texto e das reflexões propostas até aqui, colocar-se no lugar de um(a) professor(a) que atua na educação de jovens, adultos e idosos.

Atividade 1

Selecione uma **propaganda** que possa favorecer o ensino-aprendizagem de todos os eixos do ensino da língua portuguesa. A partir dela, **elabore uma sequência didática**. Em sua proposta, lembre-se de, dentre outros elementos:

a. Apresentar o conceito de propaganda e sua importância na sociedade atual;
b. Explorar o objetivo da atividade;
c. Analisar a propaganda sob diferentes perspectivas;
d. Promover uma discussão em sala de aula sobre quem é o público-alvo dessa propaganda;
e. Analisar as características linguísticas presentes na propaganda, como uso de palavras, frases, slogans, expressões, entre outros;
f. Destacar recursos retóricos, como metáforas, ironias, figuras de linguagem e seu impacto na persuasão;
g. Incentivar os(as) estudantes a refletir sobre a escolha de determinadas palavras e estruturas linguísticas para influenciar o receptor;
h. Observar a estrutura da propaganda: título, imagem, texto, logotipo, cores, entre outros elementos visuais;
i. Analisar a relação entre os elementos visuais e verbais na criação do significado da propaganda;
j. Refletir sobre a organização e sequência dos elementos para transmitir a mensagem desejada;
k. Investigar a intenção por trás da propaganda;
l. Discutir as possíveis interpretações da mensagem e como ela pode afetar as atitudes e comportamentos dos consumidores;
m. Promover uma discussão em sala de aula sobre os efeitos da propaganda na sociedade e nas relações interpessoais;
n. Estimular os(as) estudantes a refletir criticamente sobre os valores e estereótipos presentes na propaganda;
o. Incentivar a expressão de opiniões pessoais embasadas em argumentos lógicos e evidências;
p. Destacar a importância da capacidade crítica diante das mensagens publicitárias;
q. Incentivar os(as) estudantes a aplicar essas habilidades de análise em outras propagandas e contextos comunicativos.

Atividade 2

Elabore uma proposta de ensino em que os estudantes devam **criar** uma propaganda que será divulgada a toda a comunidade escolar, considerando os elementos e estratégias discutidos em sala de aula. Para isso, sugerimos que, em seu planejamento, você considere:

a. Realizar uma roda de conversa para identificar os temas que são mais relevantes e de interesse comum para serem trabalhados na criação da propaganda;
b. Incentivar os(as) alunos(as) a buscar informações relevantes, dados estatísticos e exemplos relacionados ao tema;
c. Orientar os grupos a reunir as informações coletadas para compartilhar com a turma;
d. Orientar os(as) alunos(as) a identificar o público-alvo para a propaganda que irão criar, levando em consideração o tema escolhido;
e. Estimular a discussão sobre qual mensagem desejam transmitir e o objetivo da propaganda: informar, sensibilizar, conscientizar, entre outros;
f. Instruir os(as) alunos(as) a criar um esboço da propaganda, incluindo título, slogan, texto, imagens, cores, entre outros elementos visuais e verbais;
g. Orientar os grupos a utilizar a criatividade e a linguagem persuasiva para transmitir a mensagem de forma impactante e eficaz;
h. Oferecer suporte e auxílio durante o processo de criação, esclarecendo dúvidas e dando sugestões quando necessário;
i. Solicitar que cada grupo apresente sua propaganda para a turma;
j. Promover a discussão e análise das diferentes propostas, estimulando os(as) alunos(as) a expressar suas opiniões e avaliarem as propagandas dos colegas;
k. Após divulgar a propaganda para a comunidade escolar, incentivar a reflexão sobre a eficácia da mensagem, o impacto visual, a coerência e a persuasão utilizadas em cada propaganda.

Em seu planejamento, para cada passo da sequência didática, identifique os objetivos, os conteúdos e os eixos para o ensino da língua portuguesa contemplados, os recursos pedagógicos necessários, o tempo estimado para cada etapa e as formas de avaliação.

Atividade 3

Elabore uma proposta didática para a educação de jovens, adultos e idosos que permita aos(às) alunos(as) desenvolver a capacidade de **apreciar e interpretar** imagens artísticas de diferentes estilos e contextos, estimular a sensibilidade estética e a expressão de opiniões pessoais sobre as obras de arte e ampliar seu repertório cultural, proporcionando o contato com diferentes manifestações artísticas.

Depois dessa experiência de apreciação imagética, proponha aos(às) alunos(as) que escolham uma obra de arte que os tenha impactado de alguma forma durante as análises realizadas e pense em uma proposta didática que solicite aos(às) alunos(as) que **produzam** uma criação artística própria, inspirada na obra selecionada. Pode ser pintura, desenho, escultura, fotografia ou qualquer outro formato artístico.

Com as criações artísticas finalizadas, planeje a promoção de uma exposição, para que os(as) estudantes compartilhem suas obras e expressem suas inspirações. Pense nos objetivos, no local, na divulgação, em uma cerimônia de abertura para a exposição. Além disso, peça que a turma crie eventos relacionados, como palestras, *workshops* ou performances artísticas, para enriquecer a experiência dos visitantes. Em seu planejamento, é importante adaptar as atividades de acordo com o perfil, a faixa etária e os interesses pessoais e profissionais dos(as) educandos(as).

Escolarização e mundo do trabalho

A EDUCAÇÃO PROFISSIONAL DE JOVENS, ADULTOS E IDOSOS

A educação de jovens, adultos e idosos pode também ser ofertada na modalidade de educação profissional. A EJAI articulada com a educação profissional abrange os seguintes cursos: qualificação profissional e educação profissional técnica de nível médio.

Com o objetivo de ampliar o atendimento da demanda de jovens, adultos e idosos especialmente, foi criado, por meio do Decreto n. 5.478/2005, o Programa de Integração da Educação Profissional ao Ensino Médio na Modalidade Educação de Jovens e Adultos (Proeja). Posteriormente, em 2006, o Proeja foi ampliado em termos de abrangência e teve seus princípios pedagógicos aprofundados pelo Decreto n. 5840/2006.

Para tratar da proposta de EJAI ofertada na modalidade de educação profissional, é importante haver uma reflexão acerca da educação de jovens, adultos e idosos trabalhadores e o mundo do trabalho.

Para essa reflexão, vale trazer à tona os questionamentos feitos por Rêses (2012b) no texto "Cultura do trabalho na relação com a educação de jovens e adultos trabalhadores": em que medida estamos atentos às particularidades e singularidades dos processos de produção da vida social? Em que medida contribuímos para transformar as experiências vividas em experiências percebidas e modificadas como experiência de classe? O autor considera que não é suficiente reconhecer que as salas de EJAI estão repletas de trabalhadores, é preciso ir além, conforme indica nas questões supracitadas. Ir além do reconhecimento de que a EJAI é composta essencialmente por trabalhadores é ponto de partida para que possa ser feita uma educação que promova a inclusão de cidadãos na luta por uma sociedade mais igualitária, mais justa. Rêses afirma que, no atual contexto, há uma intensificação da exploração dos trabalhadores formais. Isso pode ser constatado se se fizer uma investigação sobre o perfil ocupacional dos(as)estudantes da EJAI: não raro se encontra, por exemplo, jornada dupla sem remuneração condizente.

Para entender por que não basta apenas reconhecer que há trabalhadores nas classes de EJAI, faz-se necessária uma reflexão aprofundada sobre o papel do trabalho na constituição humana. A argumentação desenvolvida pelo autor torna-se fundamental para que se abandone uma visão superficial sobre o papel do trabalho, atitude essencial para todos os(as) educadores(as) que trabalham com a EJAI, especialmente para os que atuam na educação profissional. O trabalho é muito mais do que se pode imaginar: é a condição básica e fundamental de toda a vida humana.

Segundo Nosella (2011a), ainda estão em construção as maneiras como seria possível atuar pedagogicamente considerando o trabalho como princípio educativo, articular o trabalho produtivo ao trabalho escolar, o que se constitui um grande desafio para os(as) educadores(as), especialmente para aqueles(as) que atuam na EJAI. Mesmo ainda estando em construção esse currículo que seja capaz de propor uma atuação pedagógica partindo do trabalho como princípio educativo, considera-se que um dos elementos-chave para isso foi anunciado por Nosella, como já citado no início do livro: "devemos ter como objetivo dar ao estudante o estatuto de ator, e não de espectador passivo, partindo da concretude territorialmente vivida e se relacionando com os mestres como quem aprende e ensina ao mesmo tempo". Essas reflexões permitem que se pense mais detidamente sobre a atuação pedagógica na EJAI e sobre a organização curricular dessa modalidade.

A educação de jovens, adultos e idosos integrada à educação profissional parte do princípio da importância de se associar elevação da escolaridade à profissionalização em uma perspectiva de formação integral do(a) educando(a). Nessa perspectiva, o sujeito da EJAI deve compreender a realidade do mundo do trabalho para inserir-se nele. Não basta formar exclusivamente para o exercício de atividades laborais, é preciso ir além e permitir a compreensão das dinâmicas sociais e produtivas para o exercício crítico de uma profissão. Para isso, é preciso garantir uma educação para a leitura do mundo e para a atuação como cidadão e cidadã pertencente a uma comunidade, a um país.

> **REFLEXÃO**
>
> Para entender melhor como pensar a educação em uma perspectiva humana e integral, podemos retomar o pensamento de Paulo Freire de que não basta saber ler que "Eva viu a uva", como tínhamos nas cartilhas antigas. É preciso compreender também a posição que Eva ocupa no seu contexto social, quem trabalha para produzir a uva e quem lucra com esse trabalho. Ou, ainda, poderíamos pensar em uma educação baseada em princípios e valores importantes para a sociedade, como ética, moral, respeito, empatia, fraternidade e outros.

Para dar conta dessa complexidade envolvendo EJAI e educação profissional, precisamos assumir suas especificidades, o que requer: investigação das necessidades do(a) educando(a); articulação dos conhecimentos prévios desses sujeitos com aqueles presentes na cultura escolar; interação entre múltiplos aprendizados oriundos dos(as) estudantes e dos(as) professores(as).

A seguir, compartilharemos experiências vivenciadas com estudantes da EJAI integrada à educação profissional numa perspectiva de formação humana e integral.

TROCANDO EXPERIÊNCIAS

O diálogo que passaremos a fazer neste capítulo intitula-se *trocando experiências*, porque parte das experiências de uma professora, refletidas e ressignificadas, que avançam para um aprimoramento contínuo da prática. Seguindo a concepção freiriana, é pensando na prática atual que podemos melhorar a próxima prática. Nessa perspectiva, teoria e prática são indissociáveis. A compreensão do contexto educacional, da realidade dos(as) estudantes, sustentada na reflexão teórica, é condição para uma prática transformadora.

Essas experiências que serão apresentadas podem ser consideradas produtos educacionais, que, uma vez compartilhados, podem servir como base para a interlocução entre professores e professoras acerca do ensino de Língua Portuguesa para sujeitos da educação de jovens, adultos e idosos. Devemos considerar que os projetos aqui descritos não estão prontos e acabados, mas refletem a elaboração de uma prática educativa voltada ao desenvolvimento dos letramentos de estudantes da EJAI.

Nesse sentido, longe de uma perspectiva prescritiva, as experiências relatadas podem ser, nesse exercício dialógico entre professores(as) – as professoras que escrevem e os(as) que vão ler –, reutilizadas, adaptadas ao contexto de atuação, compartilhadas, modificadas, considerando ser essencial a sua apropriação numa perspectiva crítica e adaptada às necessidades dos diferentes contextos educacionais. Dessa forma, ao reutilizar, modificar e adaptar as propostas dos produtos educacionais aqui apresentados, novos produtos educacionais surgirão, dando continuidade ao constante aprimoramento de propostas com base no diálogo entre experiências.

Os produtos educacionais presentes nessa troca de experiências foram desenvolvidos em um contexto específico: curso de educação profissional integrado ao ensino médio na modalidade de educação de jovens, adultos e idosos. Sobre essa modalidade de curso, vale apresentar algumas informações.

Em 2005, o governo federal instituiu, na Rede Federal de Educação Profissional, Técnica e Tecnológica, o Programa de Integração da Educação Profissional ao Ensino Médio na modalidade de Educação de Jovens e Adultos (Proeja) por meio do Decreto n. 5.478, de 24 de junho de 2005, como apontado anteriormente. No ano seguinte, o referido Decreto foi substituído pelo de n. 5.840/2006, e alterou a denominação do programa para Programa de Integração da Educação Profissional à Educação Básica na modalidade de Educação de Jovens e Adultos. O Proeja, então, passa a poder ser desenvolvido tanto no ensino fundamental quanto no ensino médio. É importante destacar que existem diferentes organizações da EJAI. A educação de jovens, adultos e idosos **na educação profissional** não se organiza em "etapas" e "segmentos", como apresentado nos capítulos anteriores. Na modalidade profissional, a EJAI se organiza em **anos finais do ensino fundamental e ensino médio**.

As experiências que serão apresentadas foram desenvolvidas em um curso técnico integrado de nível médio.

Assim, no curso em que os projetos descritos foram desenvolvidos, os(as) estudantes frequentam, ao mesmo tempo, disciplinas de formação geral, entre as quais se encontra a de Língua Portuguesa, e disciplinas técnicas, relacionadas ao curso técnico realizado juntamente com o ensino médio.

Os cursos técnicos são organizados em eixos tecnológicos – "conjuntos organizados e sistematizados de conhecimentos, competências e habilidades de diferentes (ordens científicas, jurídicas, políticas, sociais, econômicas, organizacionais, culturais, éticas, estéticas etc.)" (Brasil, 2022: 18). O curso em que se desenvolveram as práticas foi o curso técnico em Artesanato integrado ao ensino médio na modalidade da educação de jovens, adultos e idosos.

O curso técnico em artesanato pertence ao eixo tecnológico de produção cultural e *design*. Segundo o Catálogo Nacional de Cursos Técnicos, para atuação como técnico em artesanato, são fundamentais:

> Conhecimentos interdisciplinares relacionados aos processos de criação, envolvendo pesquisa, idealização, planejamento, execução técnica, fruição e recepção estética.
> Competências comunicativas e empreendedoras voltadas à proposição de projetos, ao coletivo, à gestão, à solução de problemas e à resiliência, entre outras competências socioemocionais.

O curso técnico em que se desenvolveram os projetos compõe-se de três eixos: formação básica (componentes curriculares do ensino médio), formação cidadã (ética e cidadania, inclusão social, história do trabalho, entre outras) e formação profissional (componentes curriculares das áreas técnicas do artesanato).

Especificamente sobre o componente curricular Língua Portuguesa e suas Respectivas Literaturas, foco deste trabalho, é importante informar que está presente em todo o curso, que se organiza em seis módulos – havendo, portanto, português e suas literaturas em cada um deles – com uma carga horária de 40h cada.

Apresentado, pois, o contexto de desenvolvimento dos produtos educacionais que serão descritos, vamos conhecer como se deu o planejamento desses produtos e o desenvolvimento das propostas.

PLANEJAMENTO E DESENVOLVIMENTO DAS PROPOSTAS

O produto educacional desenvolvido para o ensino de Língua Portuguesa e suas Respectivas Literaturas no curso técnico em artesanato, integrado ao ensino médio na modalidade de jovens, adultos e idosos, foi um conjunto de projetos de letramentos desenvolvidos em turmas de EJAI.

Os projetos de letramento foram orientados considerando a proposta de Kleiman, que os aponta como organização didática que favorece a inclusão de estudantes da EJAI em práticas relevantes do uso da língua. Esses projetos ganham ainda mais relevância para esse público quando o conjunto de atividades nele sugerido parte do interesse real da vida dos(as) estudantes. Assim, as atividades de escrita e de leitura transformam-se em práticas situadas, com objetivos que vão além dos aspectos formais, visto que a leitura e a escrita são importantes para o desenvolvimento do projeto.

O planejamento e o desenvolvimento das propostas levaram em consideração a Taxonomia de Objetivos Educacionais, de Bloom et al. (1956).

Tabela 3 – Taxonomia de Objetivos Educacionais

Processos de conhecimento	Objetivos de conhecimento	Objetivos cognitivos
Experienciar o conhecido	Autoconhecimento metacognitivo	Processos cognitivos de rememoração: reconhecer e recordar
Experienciar o novo	Conhecimento factual sobre detalhes específicos, elementos e terminologia	Processos cognitivos de compreensão: inferir, resumir
Conceitualizar nomeando	Conhecimento conceitual sobre classificações e categorias	Processos cognitivos de compreensão: classificar, exemplificar, comparar
Conceitualizar por teoria	Conhecimento conceitual de princípios, generalizações, teorias, modelos e estruturas	Processos cognitivos de compreensão: explicar
Analisar funcionalmente	Conhecimento procedimental de habilidade e métodos específicos do assunto	Processos cognitivos de análise: diferenciar, organizar, atribuir
Analisar criticamente	Conhecimento metacognitivo sobre tarefas cognitivas	Processos cognitivos de avaliação: verificar, criticar
Aplicar adequadamente	Conhecimento processual dos critérios para determinar quando usar procedimentos apropriados	Processos cognitivos de aplicação: executar, implementar
Aplicar criativamente	Conhecimento estratégico metacognitivo	Processos cognitivos de criação: gerar, planejar, produzir

O que fazer no início do curso? Como pensar a educação linguística para esse público, que busca, além da elevação da escolarização, profissionalizar-se também? Para sermos coerentes com o que foi até aqui defendido, o primeiro passo, em um contato inicial com a turma, é abrir-se para a escuta.

Assim, logo no início do contato com as turmas, foi desenvolvido um trabalho de escuta sensível com as estudantes da EJAI para que pudessem ser definidos alguns eixos que serviram de orientação para a organização dos projetos de letramento. O uso do feminino justifica-se porque nas turmas do Proeja em artesanato há predominância de mulheres.

Essa escuta partiu dos princípios de Paulo Freire em *A pedagogia da autonomia*.

Não há docência sem discência
Ensinar exige respeito aos saberes dos educandos
Ensinar exige risco, aceitação do novo e rejeição a qualquer forma de discriminação
Ensinar exige o reconhecimento e a assunção da identidade cultural
Ensinar não é transferir conhecimento
Ensinar exige respeito à autonomia do ser do educando
Ensinar exige apreensão da realidade
Ensinar é uma especificidade humana
Ensinar exige compreender que a educação é uma forma de intervenção no mundo
Ensinar exige saber escutar
Ensinar exige disponibilidade para o diálogo
Ensinar exige querer bem aos educandos

O trabalho com a escuta das estudantes permitiu que chegássemos a algumas constatações: i) a experiência que vivenciaram em relação à educação linguística na escola regular não foi bem-sucedida; ii) a procura por terminar o ensino médio em um curso integrado à educação profissional aponta para uma perspectiva de valorização da profissionalização; iii) o curso técnico integrado em artesanato foi escolhido porque já atuam na área formal ou informalmente e desejam aprimorar o trabalho que desenvolvem; e iv) há a expectativa de que os componentes de formação geral, entre eles língua portuguesa e suas literaturas, sejam desenvolvidos em estreito diálogo com os componentes da área técnica do artesanato.

Além dessas constatações iniciais, a escuta das estudantes permitiu que fossem selecionados eixos de interesse, a partir dos quais foram desenvolvidos os projetos de letramento como estratégia pedagógica para a educação linguística. Os seguintes eixos de interesse foram definidos:

1. Profissão artesã: início da constituição da identidade das profissionais.
2. Profissão artesão no Distrito Federal: reconhecimento do território de atuação.
3. Profissão artesã: Ser Mulher Trabalhadora
4. Profissão artesã: e agora, como me inserir profissionalmente?

Os eixos de interesse permitiram organizar o componente curricular de Língua Portuguesa com base em temáticas que interessavam as estudantes no que se refere à profissionalização, elemento essencial em um curso de educação profissional. Na próxima seção, vamos conhecer a trajetória percorrida para integrar a formação profissional ao componente de Língua Portuguesa.

PROJETOS DE LETRAMENTO

A partir desta seção, apresentaremos projetos de letramento desenvolvidos em turmas de EJAI. Mas, antes de disso, cabem alguns esclarecimentos. Primeiramente, é importante apresentar aqui as habilidades previstas para Língua Portuguesa no curso técnico integrado em artesanato em cada um dos módulos, conforme sintetizado a seguir (adaptado de Instituto Federal de Brasília, 2013: 28-92).

Tabela 4 – Habilidades de Língua Portuguesa por módulo (curso técnico em artesanato)

Módulo I - Habilidades
Usar a língua portuguesa como língua materna, geradora de significação e integradora da organização do mundo e da própria identidade;
Adequar a linguagem ao seu contexto de uso pelo conhecimento de variados recursos linguísticos;
Identificar as diferentes linguagens e seus recursos expressivos como elementos de caracterização dos sistemas de comunicação.
Identificar, em textos de diferentes gêneros, as marcas linguísticas que singularizam as variedades linguísticas sociais, regionais e de registro.
Identificar os elementos que concorrem para a progressão temática e para a organização e estruturação de textos de diferentes gêneros e tipos.
Ler e interpretar coerente e criticamente textos narrativos e descritivos, entendendo a especificidade de suas formas e de suas funções;
Reconhecer a importância do patrimônio linguístico para a preservação da memória e da identidade nacional.

Módulo II - Habilidades
Fazer uso de recursos linguísticos para a produção e interpretação de textos de diversos tipos e gêneros;
Interagir com fontes literárias, tanto pela busca de entretenimento quanto pela relação crítica com o mundo;
Ler e interpretar coerente e criticamente textos expositivos e injuntivos, entendendo a especificidade de suas formas e de suas funções;
Analisar a função da linguagem predominante nos textos em situações específicas de interlocução;
Reconhecer os usos da norma padrão da língua portuguesa nas diferentes situações de comunicação.

Módulo III - Habilidades
Fazer uso de recursos linguísticos para a produção e interpretação de textos de diversos tipos e gêneros;
Interagir com fontes literárias, tanto pela busca de entretenimento quanto pela relação crítica com o mundo;
Ler e interpretar coerente e criticamente textos argumentativos entendendo a especificidade de suas formas e de suas funções;
Estabelecer relações entre o texto literário e o momento de sua produção, situando aspectos do contexto histórico, social e político;
Relacionar informações geradas nos sistemas de comunicação e informação, considerando a função social desses sistemas.

Módulo IV - Habilidades
Fazer uso de recursos linguísticos para a produção e interpretação de textos de diversos tipos e gêneros; Interagir com fontes literárias, tanto pela busca de entretenimento quanto pela relação crítica com o mundo; Ler e interpretar coerentemente e criticamente textos argumentativos entendendo a especificidade de suas formas e de suas funções; Relacionar informações sobre concepções artísticas e procedimentos de construção do texto literário; Reconhecer posições críticas aos usos sociais que são feitos das linguagens e dos sistemas de comunicação e informação.
Módulo V - Habilidades
Fazer uso de recursos linguísticos para a produção e interpretação de textos de diversos tipos e gêneros; Interagir com fontes literárias, tanto pela busca de entretenimento quanto pela relação crítica com o mundo; Reconhecer a presença de valores sociais e humanos atualizáveis e permanentes no patrimônio literário nacional; Reconhecer em textos de diferentes gêneros, recursos verbais e não verbais utilizados com a finalidade de criar e mudar comportamentos e hábitos; Relacionar, em diferentes textos, opiniões, temas, assuntos e recursos linguísticos.
Módulo VI - Habilidades
Fazer uso de recursos linguísticos para a produção e interpretação de textos de diversos tipos e gêneros; Interagir com fontes literárias, tanto pela busca de entretenimento quanto pela relação crítica com o mundo; Reconhecer posições críticas aos usos sociais que são feitos das linguagens e dos sistemas de comunicação e informação; Inferir em um texto quais são os objetivos de seu produtor e quem é seu público alvo, pela análise dos procedimentos argumentativos utilizados; Reconhecer no texto estratégias argumentativas empregadas para o convencimento do público, tais como a intimidação, sedução, comoção, chantagem, entre outras.

Como desenvolver essas habilidades considerando os interesses das estudantes? O caminho que se mostrou mais eficiente foi explorar a potencialidade da literatura em um curso de artesanato. Por que a literatura se mostrou como potencialidade? As obras literárias são manifestações artísticas, e a palavra é o instrumento de trabalho do escritor. O conceito de literatura assumido aqui vai ao encontro da perspectiva de Alfredo Bosi, para quem os elementos sociais, históricos e culturais permeiam a criação estética. Na obra literária, o artesão da literatura recria a realidade considerando elementos sociais, históricos, culturais. Já no artesanato, os objetos surgem da transformação da matéria-prima em produtos que expressem identidades culturais brasileiras. Nessa perspectiva, literatura e artesanato operam na recriação.

Vale a pena também destacar a riqueza trazida pela literatura no trabalho pedagógico com a EJAI. A literatura permite o acesso à diversidade, à criatividade artística, à memória, ao patrimônio. Nesse sentido, as obras literárias são uma porta de entrada para que sujeitos que tiveram uma história de exclusão na escola possam refletir sobre si mesmos. Reconhecer-se a partir das narrativas literárias e reconhecer a sua subjetividade a partir das poesias são movimentos que contribuem para que o público da EJAI reconstrua sua própria história, valorize suas memórias e interaja.

Torna-se válido, dessa forma, permitir que jovens, adultos e idosos que retornem à escola possam ter contato com a leitura literária, que pode ser muito desafiadora, mas também libertadora. Assim, para dar conta de desenvolver os projetos de letramento valorizando a literatura, foi também necessário utilizar estratégias pedagógicas que permitissem o desenvolvimento da leitura literária. A principal estratégia utilizada foi a leitura compartilhada, na qual o(a) professor(a) exerce papel de mediador(a) durante o processo de leitura e compreensão fazendo intervenções didáticas e interagindo com os(as) estudantes, a fim de conduzi-los(as) à compreensão do texto. As estratégias de mediação da leitura compartilhada serão apresentadas na descrição do trabalho desenvolvido com base nos eixos de interesse.

A partir deste momento serão apresentados dois projetos de letramento desenvolvidos conforme os eixos de interesse definidos pelas estudantes. Para seu planejamento e execução, foram tomados como ponto de partida os pressupostos assumidos neste livro como essenciais para o público EJAI: escuta sensível e ativa, interação, valorização das experiências e dos saberes anteriores.

Eixo de interesse 1

Profissão artesã: início da constituição da identidade das profissionais.

a. Título: "Leituras Literárias e sua influência na produção de artesãs/artesãos".
b. Público-alvo: módulo I do curso técnico integrado em artesanato – Proeja Artesanato.

c. Habilidades a serem desenvolvidas conforme o Projeto do Curso: vide Tabela 4.
d. Breve descrição do trabalho desenvolvido:

O curso Proeja em Artesanato é ofertado de forma articulada ao ensino médio, o que significa que o curso, além de ofertar o ensino médio, conduz o(a) estudante também à habilitação profissional técnica. Dessa forma, logo no início do curso, é essencial que os(as) estudantes participem de experiências escolares que os levem a reconhecerem-se como trabalhadores e trabalhadoras. Como o curso técnico em questão é o de Artesanato, no módulo I, as estudantes apontaram como eixo de interesse a profissão de artesão/artesã e como o componente curricular de Língua Portuguesa e suas Literaturas poderia ser desenvolvido em uma perspectiva que também envolvesse elementos voltados à habilitação técnica pretendida.

Definido, então, o eixo de interesse, foi necessário que a professora conhecesse mais sobre a profissão de artesão/artesã. A Lei n. 13.180/2015, que dispõe sobre a profissão de artesão, apresenta algumas diretrizes básicas para o artesanato, e uma delas é a valorização da identidade e da cultura nacionais. A Portaria n. 1007/2018, que dispõe sobre a base conceitual do artesanato brasileiro, define como artesão profissional

> toda pessoa física que, de forma individual ou coletiva, faz uso de uma ou mais técnicas no exercício de um ofício predominantemente manual, por meio do domínio integral de processos e técnicas, transformando matéria-prima em produto acabado que expresse identidades culturais brasileiras. (Brasil, 2018).

Com base na compreensão da relevância das identidades culturais brasileiras na produção do artesanato, a proposta foi que os conteúdos de língua portuguesa fossem desenvolvidos tendo como base a literatura, que, como uma das formas de arte, integra-se em um tempo histórico, em uma cultura e em tradições. Dessa forma, partimos do princípio de que as leituras literárias poderiam auxiliar no reconhecimento e na constituição da identidade profissional das estudantes artesãs.

A metodologia adotada no componente curricular de Português considerou o texto como unidade básica de ensino. A partir desse pressuposto, foram exploradas a compreensão leitora, a produção textual, a oralidade e a análise linguística. O projeto de letramento intitulou-se "Leituras literárias e sua influência na produção de artesãs/artesãos" e foi desenvolvido em duas etapas:

- **Reflexão sobre a importância do conhecimento de mundo de cada um**

As estudantes do curso Proeja Artesanato que participaram desse projeto, quando ingressaram no curso, já produziam artesanatos. O interesse delas no curso estava voltado para o aprimoramento da sua produção e também para a conclusão da educação básica. Por já terem essa experiência, foi importante que pudessem reconhecer, no início do curso, o conhecimento de mundo e da profissão que traziam para sala de aula.

Para isso, foi selecionada a crônica de José Saramago intitulada "Carta para Josefa, minha avó". Nesse texto, o autor procura analisar e busca compreender o jeito simples de viver da sua avó. Por meio da leitura e da análise dessa crônica, foi possível levar as estudantes a reconhecerem seus saberes de mundo, suas potencialidades e fragilidades, bem como a influência das mulheres que as antecederam para que se dedicassem ao artesanato. Por meio da crônica, foi possível discutir características do português de Portugal e do português do Brasil; explorar a variação linguística; o uso de estruturas coloquiais na escrita; as convenções da escrita; a conotação e a denotação.

- **Reconhecimento da identidade**

Após a primeira etapa, que se voltou para a valorização do conhecimento de mundo das educandas – o que se torna ainda mais relevante em turmas de EJAI, em decorrência do sentimento de exclusão que muitos carregam por não terem podido estudar no período regular –, voltamo-nos para a discussão do processo de formação de identidade e sua relação com a vida social. Para essa discussão, o texto base foi o conto "O Espelho", de Machado de Assis. O conto machadiano permitiu que explorássemos os efeitos de sentido, o duplo sentido, a função crítica da ironia. Vale enfatizar que foi utilizada a seguinte estratégia de leitura para a crônica e o conto: disponibilização do texto impresso para leitura prévia, leitura compartilhada com a turma e releitura individual.

Depois da exploração dos aspectos textuais da leitura, foi proposta a produção de uma crônica (Eu como artesã) e de uma peça de artesanato que contemplasse sua história. Em outras palavras, ao longo do projeto, as estudantes tiveram de elaborar uma crônica por meio da qual mostrassem as origens do artesanato em suas vidas. A discussão oriunda dos textos literários as ajudou a fazer essa imersão. A produção das crônicas permitiu que as estudantes revelassem sua história no artesanato e como se veem profissionalmente. Ao final do projeto, tiveram de apresentar alguma produção própria que tivesse sido ressignificada a partir das leituras literárias. A seguir, como exemplo das crônicas produzidas, encontra-se o texto de Maria Helenilda.

Eu como artesã
Maria Helenilda

Enquanto pintava uma tela, parei e pensei: Quando isso tudo começou? Você tinha acabado de vir ao mundo, eu de licença maternidade em meio a bonecas e vestidos. Comecei a criar por diversão; sapatinhos, chapéus e laços. Até então meu mundo era banco, contabilidade, clientes, concursos. Meu lado artista despertou, mas logo adormeceu. Longos anos de trabalho e mais um filho.

O mundo dá voltas, a vida programa coisas que não estão em nossos planos. O peso do mundo caiu em minhas costas, lidei com perdas. Deixei alguns sonhos para trás, mas aprendi também. Aprendi que não sou dona do tempo e que o controle de tudo não está em minhas mãos. Com isso, passei a entender que esse processo de lidar com a perda me fez acreditar ser capaz de recomeçar.

E foram em meio às tintas, pincéis, no intuito de ajudar meu filho e outras crianças em um hospital, que tudo começou. Ouvi de alguém que a arte é a poesia das mãos, um instrumento de cura que alivia os pesos da vida. Cores, vida, arte, harmonia perfeita, que virou emprego e fonte de renda.

Nem sempre somos valorizados, para alguns é "coisa de velho", talvez por ter surgido na pré-história. Mas é algo que me satisfaz. Até acredito que somos um ser criador, buscamos habilidades e destrezas nessa arte. Sei que cada um evolui no seu tempo, nos seus sonhos, com seus erros. Nunca é tarde para estabelecer um novo alvo. Eu, como artesã, gosto do que faço e cresço a cada dia, a partir das experiências das mulheres da minha comunidade, do meu projeto social. Elas fizeram/fazem diferença na minha vida. A preocupação com a sustentabilidade está sempre presente, gosto de preservar ou dar um novo uso aos objetos. Com o tempo aprendi que nada se perde; pequenos retalhos podem se tornar uma colcha ou roupas de bonecas. Por enquanto não posso viver apenas de arte, porém trabalho brincando.

Com isso, continuo estudando em busca de mais conhecimento, tentando fazer o melhor com o que tenho hoje. Procuro colocar em prática uma frase que ouvi do Mário Sergio Cortella: "Faça o teu melhor, na condição que você tem, enquanto não tem condições melhores, para fazer melhor ainda".

Caro(a) professor(a), caso tenha interesse em adequar essa proposta para o contexto em que atua, veja o roteiro a seguir.

Eixo de interesse 2

Profissão artesã no Distrito Federal: reconhecimento do território de atuação

  a. Título: "Conhecendo o Brasil, conhecendo Brasília".
  b. Público-alvo: módulos II e III do curso técnico integrado em artesanato – Proeja Artesanato.
  c. Habilidades a serem desenvolvidas conforme o Projeto do Curso: vide Tabela 4.
  d. Breve descrição do trabalho desenvolvido:

O primeiro projeto de letramento desenvolveu-se em torno da constituição da identidade do profissional de artesanato. O segundo projeto, a partir da escuta das estudantes, foi voltado para uma proposta que pudesse colocar as profissionais de artesanato em contato com a cultura brasileira e, em especial, com as características de Brasília, local em que o curso é ofertado.

Vale destacar que as estudantes, em sua maioria, vieram de outros estados para Brasília. Muitas vieram com as famílias, ainda crianças. Apesar de estarem há muito tempo na cidade, as estudantes reconheceram saber pouco de sua história, e, devido à relevância da cultura local na produção do artesanato, ficou decidido no grupo que os módulos II e III deveriam ter como foco a história de Brasília e suas características.

Definido o eixo de interesse, foi construída coletivamente a trajetória a ser seguida. O projeto de letramento intitulou-se "Conhecendo o Brasil, conhecendo Brasília" e foi desenvolvido em quatro etapas:

- **Estudo do romantismo brasileiro: conhecendo a história do Brasil pela literatura**

Para o início do projeto, foi feita a leitura de *Iracema*, de José de Alencar. Por meio da leitura crítica da obra, foi possível discutir como os autores românticos construíram a ideia de nação no Brasil, que se tornou pouco a pouco senso comum. O estudo da obra permitiu a abordagem da linguagem literária, dos estilos literários e da relação entre literatura, sociedade, cultura e história. A obra *Iracema* foi disponibilizada por meio do Portal Domínio Público, do Ministério da Educação.

- **Estudo da história da construção de Brasília**

Após a leitura da obra de Alencar, que permitiu uma imersão crítica na ideia de nação construída no século XIX, a etapa seguinte foi destinada à história da construção de Brasília. Para isso, foi escolhida uma obra audiovisual intitulada *Poeira e batom no Planalto Central* (2010), de Tânia Fontenele Mourão e Tânia Quaresma. Nesse documentário, a construção de Brasília é contada por 50 mulheres, o que permite que se recupere a história da mudança da capital para o interior do país a partir de um olhar feminino. Vale destacar que essa obra foi escolhida por causa do relato de uma das estudantes do curso, que contou que as mulheres da família dela tiveram de viver escondidas no início da construção da cidade, porque não era permitido que os operários trouxessem suas famílias.

Nessa etapa do projeto, as estudantes foram convidadas a produzir um e-book com o auxílio do aplicativo Canva para registrar a história delas em Brasília. Os registros indicaram haver uma maioria migrante, oriunda de diversos estados brasileiros, que, ao se mudarem para Brasília, não se reconheciam como pertencentes a esse espaço social. É por isso que a preservação de costumes de seus estados de origem é tão comum. Nessa etapa do projeto, as educandas foram convidadas a refletir sobre como se identificavam com a cidade após tantos anos morando nela. O e-book produzido foi organizado com a seguinte estrutura: estado de origem; homenagem à cidade que me acolheu (crônica); dilemas do local onde vivo; meu lugar preferido; glossário afetivo de Brasília (meus lugares favoritos). Os textos revelaram saudade do lugar de onde vieram, mas também amor pela cidade que as acolheu:

> Os maranhenses que adotaram Brasília para viver trouxeram consigo sua cultura, culinária, música, que se refletem nos costumes da cidade. Sou fruto dessa mescla entre Maranhão e Brasília.

- **Poesia e Brasília**

Na terceira etapa do projeto, após conhecerem a história da construção de Brasília e passarem pelo processo de refletir sobre a relação que guardam com a cidade, as estudantes foram convidadas a ler as poesias de Nicolas Behr, poeta mato-grossense que adotou Brasília como cidade do coração, apesar de seu relacionamento conflituoso com a cidade. A obra adotada para leitura foi *Brasilírica* (2017).

- **Brasília em artesanato**

Enquanto as estudantes liam as obras de Behr, debatiam e faziam exercícios, foram produzidas algumas coleções de bonecas que representavam para elas o que de mais significativo a cidade lhes trazia.

ATIVIDADES

PARTE 1
Atividades de compreensão e reflexão

A intenção do capítulo "Escolarização e mundo do trabalho" foi compartilhar experiências práticas que possam servir como base para a interlocução entre professoras e professores acerca do ensino de língua portuguesa como língua materna para sujeitos da educação profissional de jovens, adultos e idosos. As propostas descritas tiveram o objetivo de materializar possibilidades de ação, para levar à compreensão do que estamos sugerindo como educação linguística na EJAI na modalidade de educação profissional: uma educação linguística que articule os conhecimentos dos(as) estudantes, sua realidade profissional e reflexões sobre o mundo do trabalho.

Considerando a importância da educação profissional para jovens, adultos e idosos, bem como a necessidade de compreender a relação entre a educação de trabalhadores e o mundo do trabalho, gostaríamos de convidar você a refletir e apreciar conosco cada etapa dos projetos vivenciados em turmas de Proeja.

Atividade 1

Como podemos estabelecer relação entre o mundo do trabalho e os conteúdos desenvolvidos em cursos de educação profissional para jovens, adultos e idosos?

Atividade 2

Além de reconhecer que a educação de jovens, adultos e idosos é composta essencialmente por trabalhadores, o que mais podemos fazer para promover uma EJAI mais inclusiva, contribuindo para uma sociedade mais igualitária e justa?

Atividade 3

Como podemos desenvolver uma abordagem pedagógica que considere o trabalho como princípio educativo e articule o trabalho produtivo ao trabalho escolar na educação profissional? Ou, em outras palavras, de que maneira podemos garantir uma educação que vá além da formação exclusiva para o exercício de atividades laborais, permitindo uma compreensão mais ampla das dinâmicas sociais e produtivas para o exercício crítico de uma profissão?

Atividade 4

Como as professoras e os professores podem contribuir para transformar as experiências vividas pelos(as) alunos(as) trabalhadores da EJAI?

Atividade 5

Que estratégias pedagógicas poderiam ser propostas para estudantes trabalhadores da EJAI com a finalidade de desenvolver habilidades de língua portuguesa, valorizando a literatura e considerando os interesses das estudantes e dos estudantes de curso técnico?

PARTE 2
Exercícios críticos/reflexivos

Gostaríamos de convidar você para, a partir das reflexões propostas neste capítulo, colocar-se no lugar de um(a) professor(a) que atua na educação de jovens, adultos e idosos.

Atividade 1

Elabore um projeto de letramento para a educação de jovens, adultos e idosos na modalidade de educação profissional, considerando as orientações de Kleiman e a Taxonomia de Objetivos Educacionais de Bloom et al.

Passo 1: Escolha de um tema relevante
- Selecione um tema que seja de interesse real e significativo para os(as) estudantes da EJAI na modalidade de educação profissional. Esse tema pode ser relacionado à vida cotidiana, a experiências pessoais, à cultura local, a necessidades profissionais, entre outros.

Passo 2: Definição dos objetivos de conhecimento
- Utilizando a Taxonomia de Bloom, apresentada neste capítulo, estabeleça os objetivos cognitivos para o projeto, levando em consideração os diferentes processos de conhecimento descritos (experienciar o conhecido, experienciar o novo, conceitualizar nomeando, conceitualizar por teoria, analisar funcionalmente, analisar criticamente, aplicar adequadamente, aplicar criativamente).
- Descreva cada objetivo de conhecimento de forma clara e específica, relacionando-os ao tema escolhido.

Passo 3: Planejamento das atividades de letramento
- Com base nos objetivos definidos, elabore um conjunto de atividades de leitura e escrita que sejam situadas e relevantes para o desenvolvimento do projeto.
- Considere o uso de diferentes gêneros textuais e práticas sociais de linguagem, buscando envolver os(as) estudantes em situações autênticas de letramento.
- Promova a reflexão sobre aspectos formais da língua, mas também incentive a leitura e a escrita como práticas de transformação e empoderamento social.

Passo 4: Estruturação do projeto
- Organize as atividades em uma sequência lógica, considerando a progressão dos objetivos de conhecimento e a articulação entre os diferentes componentes do letramento (leitura, escrita, reflexão metalinguística, interação social).
- Descreva de forma clara cada atividade, indicando os materiais necessários, as etapas de execução e os possíveis resultados esperados.
- Inclua estratégias de avaliação formativa ao longo do projeto, permitindo a verificação do progresso dos(as) estudantes e a realização de ajustes necessários.

Passo 5: Reflexão e adaptação do projeto
- Após a elaboração do projeto, reflita sobre sua adequação ao contexto da EJAI na modalidade de educação profissional, considerando as características dos(as) estudantes, os recursos disponíveis e as necessidades específicas do grupo.

- Se necessário, faça adaptações e modificações no projeto, de forma a torná-lo mais adequado ao contexto educacional.

Atividade 2

No último capítulo deste livro, para desenvolver os projetos de letramento valorizando a literatura, foi também necessário utilizar estratégias pedagógicas que permitissem o desenvolvimento da leitura literária. Como vimos, a principal estratégia utilizada foi a leitura compartilhada, na qual o(a) professor(a) exerce papel de mediador durante o processo de leitura e compreensão fazendo intervenções didáticas e interagindo com os(as) estudantes, a fim de conduzi-los(as) à compreensão do texto. As estratégias de mediação da leitura compartilhada foram apresentadas na descrição do trabalho desenvolvido com base nos eixos de interesse.

Você teve oportunidade de conhecer dois projetos de letramento desenvolvidos conforme os eixos de interesse definidos pelas estudantes do curso técnico em Artesanato. Para seu planejamento e execução, foram tomados como ponto de partida os pressupostos assumidos neste livro como essenciais para o público EJAI: escuta sensível e ativa; interação, valorização das experiências anteriores e dos saberes.

Pense em uma proposta de atividade prática com o seguinte tema: **Leitura Compartilhada de Contos Regionais**. Os objetivos desta proposta podem ser os seguintes:
- Valorizar a literatura regional como forma de promover a identidade cultural dos(as) estudantes da EJAI na modalidade profissional.
- Desenvolver habilidades de leitura e compreensão de textos literários.
- Estimular a interação e o diálogo entre os(as) estudantes por meio da discussão dos contos regionais.

No planejamento da atividade, considere os passos a seguir:

1. Selecione contos regionais que retratem aspectos culturais e sociais da região em que os(as) estudantes estão inseridos(as). Os contos podem ser de autores locais ou reconhecidos pela sua representatividade regional.

2. Organize encontros de leitura compartilhada, nos quais os(as) estudantes e o(a) professor(a) se reúnam para ler e discutir os contos selecionados.
3. Antes da leitura, pesquise sobre os contos selecionados e realize uma breve contextualização sobre o autor, o período em que o conto foi escrito e as características da literatura regional.
4. Durante a leitura, atue como mediador, fazendo intervenções didáticas para auxiliar na compreensão do texto, destacando aspectos relevantes e incentivando a participação ativa dos(as) estudantes.
5. Após a leitura, promova a discussão coletiva sobre o conto, abordando elementos como personagens, enredo, ambientação, temáticas abordadas, linguagem utilizada, entre outros.
6. Estimule a reflexão dos(as) estudantes sobre como o conto reflete a realidade regional, valorizando suas experiências anteriores e saberes.
7. Proponha atividades de escrita relacionadas aos contos, como produção de resumos, elaboração de diálogos entre personagens, criação de desfechos alternativos, entre outras possibilidades.
8. Incentivar a troca de experiências entre os(as) estudantes, possibilitando que compartilhem relatos pessoais ou conhecimentos relacionados aos temas abordados nos contos.
9. Para o final do projeto, proponha um evento, no qual os(as) estudantes possam apresentar suas produções escritas ou realizar atividades criativas inspiradas nos contos estudados, como dramatizações, exposições temáticas, música, artes visuais, permitindo a ampliação das experiências culturais dos(as) estudantes e a integração de diferentes linguagens.

Se possível, busque parcerias com instituições locais, como bibliotecas públicas ou grupos culturais, para enriquecer o projeto com eventos ou visitas relacionadas à literatura regional.

Bibliografia comentada

Esta seção traz a indicação de obras importantes para o estudo da educação linguística de jovens, adultos e idosos. As obras são tanto de natureza teórica quanto de natureza prática, do ponto de vista dos diálogos que elas estabelecem com a EJAI.

ARROYO, Miguel G. *Passageiros da noite: do trabalho para a EJA:* itinerários pelo direito a uma vida justa. Petrópolis. Petrópolis: Vozes, 2017.

    Miguel Arroyo propõe uma diversidade de textos para analisar temas geradores de estudo e formação que colaboram para garantir o direito dos docentes-educadores e dos educandos de entenderem-se, respectivamente, como profissionais trabalhadores na educação e como jovens-adultos trabalhadores, sobretudo para entender seus saberes, valores, identidades. O autor agrupa os temas em torno de dez campos de estudo e formação, como a esperança de mudar de lugar social; educadores e educandos sujeitos de direitos ao reconhecimento; direito à educação; cultura; o que aprender com os estudos da juventude; entre muitos outros. Para cada um desses campos, Arroyo traz letras de músicas sobre os temas propostos, com a intenção de que a EJA se abra para incorporar a força pedagógica das artes.

BORTONI-RICARDO, Stella Maris et al. *Por que a escola não ensina gramática assim?* São Paulo: Parábola, 2014.

    As discussões e as reflexões propostas no livro têm como base exemplos da língua oral e escrita e se fundamentam na tradição da gramática normativa e nas pesquisas empíricas da Sociolinguística, com a finalidade de auxiliar na formação linguística de docentes da área de linguagem, levando-os a refletir sobre o ensino de gramática (ou conhecimentos linguísticos) em perspectivas diferentes, que se complementam. Além de apresentar discussões e reflexões, a obra faz sugestões de como trabalhar cada tema em sala de aula, a partir de fenômenos gramaticais que envolvem a língua em uso, com suas variações na modalidade oral e escrita.

BRANDÃO, Carlos Rodrigues. *O que é Método Paulo Freire.* São Paulo: Brasiliense, 2005.

    Nesta obra, Brandão apresenta em detalhes as orientações práticas que nasceram de um curso para recontar como se fez e se praticou o Método de Alfabetização Paulo Freire, que acabou virando um lugar de debate sobre a questão da educação popular. O autor descreve passos de como o Método de Alfabetização Paulo Freire pode educar enquanto constrói um processo de alfabetização e letramento de jovens, adultos e idosos.

CARVALHO, Robson Santos de. *Ensinar a ler, aprender a avaliar*. São Paulo: Parábola, 2014.

Este livro propõe formas mais eficazes, justas e pedagógicas de avaliar os alunos e propõe um modelo de avaliação que promete transformar a sala de aula. O autor argumenta que os professores poderão descobrir o que os seus alunos já sabem de fato em diversos momentos do processo de ensino e o que ainda precisam saber. A avaliação faz parte do ato de educar – como ato pedagógico, deve ser uma ação contínua. Quando um professor aprende a avaliar corretamente, ele desloca sua visão dos resultados finais para o processo e, com isso, consegue melhorá-lo para chegar a resultados mais satisfatórios. Carvalho expõe diversas atividades de avaliação de leitura que poderão contribuir para a aquisição e o desenvolvimento das habilidades de leitura e para a construção da competência leitora dos alunos, porque passarão a ser pensadas, elaboradas e executadas como avaliação diagnóstica, conforme também propomos neste livro sobre educação linguística de jovens, adultos e idosos.

COBUCCI, Paula; COBUCCI, Suely. *Redação oficial para aprimorar os textos profissionais*. São Paulo: Contexto, 2022.

Sabemos que, muitas vezes, o maior desejo de jovens, adultos e idosos, especialmente na modalidade de educação profissional, é aprender a redigir textos por meio dos quais possam se comunicar com o poder público, pedir informações, elaborar projetos, solicitar apoio etc. Este livro trata especificamente da elaboração de textos profissionais e defende o uso de uma linguagem simples e humanizada, que se apresenta, ao mesmo tempo, como uma técnica de comunicação e como uma causa social, cidadã. O livro proporciona aos leitores as melhores práticas na produção textual profissional e o aprimoramento das habilidades escritas, para que estejam aptos e capacitados a se comunicar com mais eficiência e mais eficácia com a administração pública brasileira.

DALVI, Maria Amélia; REZENDE, Neide Luzia de; JOVER-FALEIROS, Rita. *Leitura de literatura na escola*. São Paulo: Parábola, 2013.

O que e como ensinar quando se ensina literatura na escola? Para que ensinar literatura? Que literatura ensinar: os textos canônicos, os contemporâneos, literatura geral, literatura juvenil? O livro *Leitura de literatura na escola* discute literatura e educação e apresenta propostas interessantes para o problema das práticas escolares de (não) leituras literárias. As autoras se propõem a discutir a leitura e a escrita literárias, o ensino de literatura, o sujeito leitor de literatura, a formação de professores, os materiais didáticos, os currículos e métodos de ensino de leitura e literatura na escola. A obra pode contribuir, portanto, para orientar o professor quanto às suas práticas, na busca de um ensino de literatura mais significativo para os estudantes.

FIORIN, José Luiz. *Argumentação*. São Paulo: Contexto, 2015.

A habilidade de argumentar é fundamental para a vida em sociedade; por isso, este livro é essencial para os professores que pretendem contribuir para a formação de jovens, adultos e idosos capazes de agir com plenitude em diversos âmbitos da coletividade. O livro tem o objetivo de expor as principais organizações discursivas utilizadas na persuasão, isto é, os principais tipos de argumentação. Fiorin organizou a obra em três partes: problemas gerais de argumentação; os argumentos, com técnicas argumentativas; e a organização do discurso. O autor defende que os discursos são sempre o espaço privilegiado de luta entre vozes sociais, o que significa que são precipuamente o lugar da contradição, ou seja, da argumentação, pois a base de toda a dialética é a exposição de uma tese e sua refutação.

LEAL, Telma Ferraz; ALBUQUERQUE, Eliana Borges Correia de; MORAIS, Artur Gomes de (org.). *Alfabetizar letrando na EJA:* fundamentos teóricos e propostas didáticas. Belo Horizonte: Autêntica, 2013.

Os autores objetivam refletir sobre a alfabetização de jovens e adultos e, ao mesmo tempo, socializar estratégias didáticas que favoreçam a emergência de situações e aprendizagem para os alfabetizandos e para professores. Na primeira parte da obra, discutem fundamentos da alfabetização de jovens e adultos que nortearam as análises e sugestões que apresentam. Na segunda parte, dão continuidade a tais discussões, mas enfatizando reflexões sobre as situações didáticas e as atividades vivenciadas pelos professores, com sugestões de proposições didáticas.

MACHADO, Veruska Ribeiro. *Compreensão leitora no PISA e práticas escolares de leitura*. Brasília: Líber Livro/Faculdade de Educação – Universidade de Brasília, 2012.

O livro contempla uma análise detalhada dos itens do teste do Programa Internacional de Avaliação de Alunos (PISA), organizado pela Organização para a Cooperação e Desenvolvimento Econômico (OCDE), e reúne informações valiosas sobre o ensino e avaliação da leitura, ampliando os horizontes dos professores para que se apropriem do que vem sendo feito em outros países na formação do leitor. Veruska Machado descreve no livro a pesquisa que desenvolveu com base em sua própria experiência como professora e na etnografia que conduziu em várias escolas. A obra pode ajudar os professores na condução de uma pedagogia da leitura em suas salas de aula.

MOLLICA, Maria Cecília; LEAL, Marisa. *Letramento em EJA*. São Paulo: Parábola, 2009.

Este livro reúne três pesquisas no campo da alfabetização e letramento realizadas no âmbito do Programa de Alfabetização de Jovens e Adultos em Espaços Populares da Pró-Reitoria de Extensão da Universidade Federal do Rio de Janeiro. As autoras abordam o português e a matemática de forma indissociável e ambicionam agilizar a apropriação de linguagens, da lectoescritura e da escrita matemática em cursos de EJA. O primeiro capítulo trata a respeito da capacidade de identificar e apontar a função de suportes textuais. O segundo busca encontrar padrões que expliquem o cálculo mental ou a chamada matemática oral. O terceiro capítulo investiga as crenças sobre português e matemática no âmbito da educação de jovens e adultos, a partir do imaginário de alunos universitários e de professores que atuam em EJA.

MORTATTI, Maria do Rosário; FRADE, Isabel Cristina Alves da Silva (org.). *Alfabetização e seus sentidos: O que sabemos, fazemos e queremos?* São Paulo: Unesp, 2014.

Neste livro, estão reunidos textos de conferências e palestras apresentadas no I Congresso Brasileiro de Alfabetização, promovido pela Associação Brasileira de Alfabetização, que possibilitou discussão dos pontos de consenso e conflito nas relações e ações desenvolvidas por sujeitos e instituições em favor da consecução do direito a ser alfabetizado. Os autores abordam diferentes facetas da alfabetização, destacando a complexidade das dimensões teóricas, metodológicas, sociais, históricas e políticas, assim como o necessário diálogo entre pesquisas acadêmicas, práticas pedagógicas e políticas públicas relacionadas ao ensino de leitura e escrita a crianças, jovens, adultos e idosos. Além da originalidade da abordagem do tema e das contribuições para a área da educação, em especial para o campo da alfabetização, destaca-se a relevância deste livro para a compreensão tanto dos importantes avanços ocorridos especialmente nas últimas décadas quanto da necessidade de continuarmos o debate em torno da pluralidade de sentidos da alfabetização, como mais um incentivo para a promoção de mudanças qualitativas nas pesquisas, nas políticas e nas práticas de gestores e professores que fazem a alfabetização cotidianamente.

REIS, Renato Hilário dos. *A constituição do ser humano*: amor-poder-saber na educação/alfabetização de jovens e adultos. Campinas/São Paulo: Autores Associados, 2011.

Neste livro, que apresenta as ideias defendidas na tese de seu doutorado, Renato Hilário se propõe a compartilhar com o leitor o que viveu como aprendiz na tarefa de ouvir e sentir o outro em suas narrativas. O autor propõe diálogos com educandas e educandos de um projeto de alfabetização e sugere experiências de convivência humana que visam à alfabetização/educação de jovens e adultos permeada pelo sentimento de acolhida/acolhimento/partilha dos seres humanos entre si e um "exercício de amortização". São partilhas de um professor amoroso que vive o que ensina.

REYZÁBAL, Maria Victoria. *A comunicação oral e sua didática*. Trad. Waldo Mermelstein. Bauru/São Paulo: Edusc, 1999.

Ao longo da obra, a autora trata tanto dos aspectos linguísticos e literários quanto dos aspectos didáticos dos discursos orais e propõe atividades que podem ser adaptadas às diferentes etapas educacionais e às características de cada grupo de alunos. Reyzabal defende que as atividades práticas de oralidade são a parte central do processo de aprendizagem dos estudantes e que, portanto, a metodologia de ensino do oral, especialmente as situações de comunicação mais formais, deve exigir dos professores critérios rigorosos, na proposição de procedimentos e atitudes e na avaliação dos objetivos. Isso leva à compreensão de que as atividades não podem se reduzir a um simples "projeto" ou seleção de exercícios mais ou menos atraentes, sem justificação psicopedagógica. A autora defende que ensinar língua implica apoiar o processo de humanização dos alunos e das alunas, o que supõe uma responsabilidade muito importante.

SCHNEUWLY, Bernard; DOLZ, Joaquim et al.. *Gêneros orais e escritos na escola*. Trad. Roxane Rojo e Glaís Sales. Campinas: Mercado de Letras, 2004.

Na apresentação do livro, que completará 20 anos de publicação no Brasil, Rojo e Cordeiro justificaram a organização da obra para concretizar para os professores e formadores de professores um encaminhamento ou procedimento possível para o ensino de gêneros selecionados pelo projeto da escola. A primeira parte do livro, intitulada "Os gêneros do discurso e a escola", foi concebida para discutir as dúvidas mais básicas dos professores: "Por que trabalhar com gêneros e não com tipos de textos? Em que esses trabalhos e esses conceitos são diferentes?"; "O que é gênero de texto? Como entender a noção?"; "Que gêneros selecionar para o ensino e como organizá-los ao longo do currículo? Como pensar progressões curriculares?"; "Deve-se trabalhar somente com os gêneros de circulação escolar? Somente com os de circulação extraescolar? Com ambos? Quais são os mais relevantes em cada caso?" (p. 13). A segunda parte do livro, intitulada "Planejar o ensino de um gênero", procura fornecer instrumentos fundamentais para os professores pensarem e planejarem o ensino de gêneros específicos, especialmente a sequência didática, além de um documento do procedimento geral utilizado no planejamento e na preparação dos materiais de ensino, a modelização didática. A terceira parte do livro, intitulada "Propostas de ensino de gêneros", é dedicada ao modo de fazer o ensino de gêneros específicos; nela se encontram procedimentos para a elaboração de sequências e planejamentos para a sua aplicação.

SCHWARTZ, Suzana. *Alfabetização de jovens e adultos:* teoria e prática. 3. ed. Petrópolis: Vozes, 2013.

A autora se dedica a provocar pensamentos sobre aspectos que podem contribuir para a melhoria da prática pedagógica de alfabetização. Ela se propõe a compreender as dúvidas mais frequentes dos professores alfabetizadores de jovens e adultos para buscar respondê-las. O livro é organizado em três partes. Na primeira parte, Schwartz apresenta conceitos mais gerais sobre a alfabetização de jovens e adultos; na segunda parte, sugere referenciais metodológicos para uma prática alfabetizadora consciente e desejosa de ensinar a ler e a escrever nos significados amplos e complexos desses conceitos. Na parte final, a autora discute a aula como lugar de ensino, aprendizagem e interação. É um livro interessante para conhecer uma abordagem ampla sobre a alfabetização de jovens e adultos.

Referências

BARBIER, René. *A pesquisa-ação*. Trad. Lucie Didio. Brasília: Líber Livro, 2004. v. 3. (Série Pesquisa em Educação)
BLOOM, Benjamin Samuel et al. *Taxonomy of educational objectives*. New York: David Mckay, 1956.
BORTONI-RICARDO, Stella Maris. *Nós cheguemu na escola, e agora?* Sociolinguística e educação. São Paulo: Parábola, 2005.
_____. *O professor pesquisador:* introdução à pesquisa qualitativa. São Paulo: Parábola, 2008.
BORTONI-RICARDO, Stella Maris et al. (org.). *Leitura e mediação pedagógica*. São Paulo: Parábola, 2012.
BRASIL. Constituição da República Federativa do Brasil de 1988. Brasília, DF: Presidência da República. Disponível em: https://www.planalto.gov.br/ccivil_03/constituicao/constituicao.htm. Acesso em: 28 ago. 2023.
_____. Ministério da Educação. *Base Nacional Comum Curricular*. Brasília, 2018.
_____. Portaria n.º 1007, de 11 de junho de 2018. Diário Oficial da União. Disponível em: https://www.in.gov.br/materia/-/asset_publisher/Kujrw0TZC2Mb/content/id/34932949/do1-2018-08-01-portaria-n-1-007-sei-de-11-de-junho-de-2018-34932930. Acesso em 22 set. 2023.
_____. Ministério da Educação. Secretaria de Educação Profissional e Tecnológica. Desenvolvimento de projetos pedagógicos de cursos técnicos (livro eletrônico). Coord. Carlos Artur de Carvalho Arêas. Brasília, DF: Ministério da Educação, 2022. Disponível em: https://www.gov.br/mec/pt-br/media/seb-1/pdf/WEBDesenvolvimentodeProjetosPedagogicosdeCursosTecnicos2.pdf. Acesso em: 28 set. 2023.
DUNKER, Christian; THEBAS, Claudio. *O Palhaço e o Psicanalista:* como escutar os outros pode transformar vidas. São Paulo: Planeta do Brasil, 2019.
FERRAREZI JR, Celso. *Pedagogia do silenciamento:* a escola brasileira e o ensino de língua materna. São Paulo: Parábola, 2014.
FERRAREZI JR, Celso; CARVALHO, Robson Santos de. *Produzir textos na educação básica:* o que saber, como fazer. São Paulo: Parábola, 2015.

FERREIRO, Emília; TEBEROSKY, Ana. *Psicogênese da língua escrita*. Trad. Diana Myriam Lichtenstein et. al. Porto Alegre: Artes Médicas, 1985.

FREIRE, Paulo. *Pedagogia do oprimido*. 84. ed. Rio de Janeiro: Paz e Terra, 2022.

_____. Pedagogia da Autonomia. Rio de Janeiro: Paz e Terra, 2019.

INSTITUTO Federal de Brasília. Proposta de curso: Curso Técnico Integrado de Jovens e Adultos em Artesanato. Brasília, DF. 2013. Disponível em: https://www.ifb.edu.br/attachments/4298_Plano%20de%20Curso%20PROEJA%20T%C3%A9cnico%20em%20Artesanato%20em%20modo%20edit%C3%A1vel.pdf. Acesso em: 28 set. 2023.

KALANTZIS, Mary; COPE, Bill; PINHEIRO, Petrilson. *Letramentos*. Campinas: Unicamp, 2020.

KLEIMAN, Angela (org.). *Os significados do letramento*. Campinas: Mercado de Letras, 1995.

_____. *Preciso "ensinar" o letramento? Não basta ensinar a ler e escrever?* Campinas: Cefiel - Unicamp; MEC, 2005.

_____. "EJA e o ensino da língua materna: relevância dos projetos de letramento". *EJA em debate*. Florianópolis, vol. 1, n. 1. nov. 2012, pp. 23-38.

KLEIMAN, Angela; SIGNORINI, Inês (org.). *O ensino e a formação do professor:* alfabetização de jovens e adultos. Porto Alegre: Artmed, 2000.

KOCH, Ingedore Grunfeld Villaça; BENTES, Anna Christina; CAVALCANTE, Mônica Magalhães. *Intertextualidade:* diálogos possíveis. São Paulo: Cortez, 2007.

PIAGET, Jean. *Psicologia e pedagogia*. 4. ed. Rio de Janeiro: Forense Universitária, 1976.

MARCUSCHI, Luís Antônio. *Produção textual, análise de gêneros e compreensão*. São Paulo: Parábola, 2008.

MASETTO, Marcos. *Didática:* a aula como centro. São Paulo: FTD, 1997.

NOSELLA, Paolo. "Ensino médio: em busca do princípio pedagógico". *Educação & Sociedade*, v. 32, n. 117, 2011a, pp. 1051-66.

_____. Trabalho e Educação: Território e Globalização. In: VIIIº Colóquio de Pesquisa em Instituições Escolares: pedagogias alternativas, 2011, São Paulo. PPGE da UNINOVE/SP, 2011b.

ORGANIZAÇÃO DAS NAÇÕES UNIDAS. Declaração Universal dos Direitos Humanos, 1948. Disponível em: https://www.unicef.org/brazil/declaracao-universal-dos-direitos-humanos. Acesso em: 28 ago. 2023.

RÊSES, Erlando da Silva. Análise da inclusão do eixo trabalho nas políticas públicas de educação: avanços e desafios. In: CUNHA, Célio da; SOUSA, José Vieira; SILVA, Maria Abádia (org.). *Avaliação de Políticas Públicas de Educação*. Brasília: Líber Livro/Faculdade de Educação – Universidade de Brasília, 2012a.

_____. "Cultura do trabalho na relação com a educação de jovens e adultos trabalhadores". S. l.: s. n., 2012b. Disponível em: http://forumeja.org.br/sites/forumeja.org.br/files/1._Texto_Cultura_do_Trabalho_modulo_II.pdf. Acesso em: 28 set. 2023.

REYZABAL, Maria Victoria. *A comunicação oral e sua didática*. Trad. Waldo Mermelstein. Bauru/São Paulo: Edusc, 1999.

SCHNEUWLY, Bernard; DOLZ, Joaquim et al. *Gêneros orais e escritos na escola*. Trad. Roxane Rojo e Glaís Sales. Campinas: Mercado de Letras, 2004.

SOARES, Magda. *Alfaletrar:* toda criança pode aprender a ler e a escrever. São Paulo: Contexto, 2020.

ZABALA, Antoni. *A prática educativa:* como ensinar. Trad. Ernani F. da F. da Rosa. Porto Alegre: Artmed, 1998.

As autoras

Paula Cobucci é professora da Universidade de Brasília (UnB) na Faculdade de Educação, na área de Língua Materna, Alfabetização e Literatura. Atua principalmente nos seguintes temas: Ensino e Aprendizagem de Língua Materna, Educação de Jovens, Adultos e Idosos, Alfabetização, Formação de Professores, Pedagogia Hospitalar, Redação Oficial, Formação Integral do Ser Humano. Possui estágio pós-doutoral em Engenharia Didática na Universidade de Genebra, doutorado e mestrado em Linguística na UnB, licenciatura plena em Língua Portuguesa e Respectiva Literatura na Universidade de Brasília. Pela Contexto, é coautora dos livros *Sociolinguística, sociolinguísticas: uma introdução* e *Redação oficial: para aprimorar os textos profissionais*.

Veruska Machado é reitora do Instituto Federal de Brasília (IFB), licenciada e bacharel em Letras, especialista em Língua Portuguesa, mestre e doutora em Educação. Já atuou como docente nas séries finais do ensino fundamental, no ensino médio e em cursos de licenciatura de Letras e de Pedagogia e exerce a função de técnica em assuntos educacionais na Secretaria de Educação Superior do Ministério da Educação. Atualmente investiga as concepções de leitura subjacentes a avaliações de larga escala. Pela Contexto, é coautora do livro *Formação do professor como agente letrador*.

COMITÊ EDITORIAL DA COLEÇÃO LINGUAGEM NA UNIVERSIDADE

Adail Sebastião Rodrigues-Júnior (UFOP)

Adail Sobral (UFRGS)

Adauto Locatelli Taufer (UFRGS)

Adja Balbino de Amorim Barbieri Durão (UFSC)

Adriana Cristina Sambugaro de Mattos Brahim (UFPR)

Ana Beatriz Barbosa de Souza (UFG)

Ana Dilma Almeida (UniProjeção)

Ana Elisa Ribeiro (CEFET-MG)

Ana Maria Welp (UFRGS)

Ana Suelly Arruda Câmara Cabral (UnB)

Anderson Carnin (Unisinos)

Angela Brambilla Cavenaghi T. Lessa (PUC-SP)

Antonieta Heyden Megale (Unifesp)

Aparecida de Jesus Ferreira (UEPG)

Atilio Butturi (UFSC)

Beth Brait (PUC-SP)

Bruna Quartarolo Vargas (UFPR)

Camila Haus (UFRGS)

Camila Höfling (UFSCr)

Carla Conti de Freitas (UEG)

Carla Reichmann (UFPB)

Carla Viana Coscarelli (UFMG)

Carlos José Lírio (Unifesp)

Cátia Martins (York University)

Christine Almeida (UFES)

Clécio dos Santos Bunzen Jr. (UFPE)

Cleidimar Aparecida Mendonça e Silva (UFG)

Clezio Gonçalves (UFPE)

Cloris Porto Torquato (UFPR)

Cristiane Soares (Harvard University)

Cyntia Bailer (FURB)

Dánie Marcelo de Jesus (UFMT)

Daniela Fávero Netto (UFRGS)

Daniela Vieira (PUC-SP)

Dayane Celestino de Almeida (Unicamp)

Denise Hibarino (UFPR)

Dilys Karen Rees (UFG)

Diógenes Lima (UESB)

Dóris Cristina V. S. Santos (UFPR)

Dorotea Frank Kersch (Unisinos)

Eduardo Diniz de Figueiredo (UFPR)

Elaine Mateus (UEL)

Eliana Merlin Deganutti de Barros (UENP)

Eliane F. Azzari (PUC-Campinas)

Eliane Lousada (USP)

Érica Lima (Unicamp)

Eulalia Leurquin (UFC)

Fabíola Ap. Sartin Dutra Parreira Almeida (Catalão)

Fernanda de Castro Modl (UESB)

Fernanda Ferreira (Bridgewater University, EUA)

Fernanda Liberali (PUC-SP)

Fidel Armando Cañas Chávez (UnB)

Florência Miranda (Universidad Nacional de Rosario/Argentina)

Francisco Fogaça (UFPR)

Gabriel Nascimento (UFSB)

Gabriela Veronelli (Universidad Nacional de San Martin/Argentina)

Gasperim Ramalho de Souza (UFPLA)

Gisele dos S. da Silva (UFPR)

Grassinete C. de Albuquerque Oliveira (UFA)

Gustavo Lima (UFC)

Helenice Joviano Roque-de-Faria (Unemat)

Heliana Mello (UFMG)

Heloisa Albuquerque-Costa (USP)

Helvio Frank de Oliveira (UEG)

Ismara Tasso (UEM)

Ivani Rodrigues Silva (Unicamp)

Jhuliane Silva (UFOP)

João Xavier (CEFET-MG)

José Marcelo Freitas de Luna (Univali)

Junot de Oliveira Maia (UFMG)

Leosmar Aparecido da Silva (UEG)

Letícia J. Storto (UENP)

Lucas Araujo Chagas (UEMS)

Lúcia de Fátima Santos (UFBLA)

Luciani Salcedo de Oliveira (Unipampa)

Mailce Borges Mota (UFSC)

Marcia Veirano Pinto (Unifesp)

Maria Amália Vargas Façanha (UFS)

Maria Carmen Gomes (UnB)

María del Pilar Tobar Acosta (IFB)

Mariana Mastrella-de-Andrade (UnB)

Maximina M. Freire (PUC-SP)

Nanci Araújo Bento (UFBA)

Nara Takaki (UFMS)

Nayibe Rosado (Universiddad del Norte-Barranquila, Colômbia)

Paulo Boa Sorte (UFS)

Paulo Roberto Massaro (USP)

Raquel Bambirra (CEFET-MG)

Reinaldo Ferreira Da Silva (UNEB)

Roberval Teixeira e Silva (Macau University)

Rodrigo Camargo Aragão (UESC)

Rogério Tílio (UFRJ)

Rosana Helena Nunes (Fatec/UnB)

Samuel de Carvalho Lima (IFRN)

Sandra Regina Buttros Gattolin (UFSCar)

Shelton Souza (UFC)

Simone Batista (UFRRJ)

Simone Sarmento (UFRGS)

Socorro Cláudia Tavares (UFPB)

Solange Maria Barros (UFMT)

Soledad Oregioni (Universidad Nacional de Quilmes)

Sueli Salles Fidalgo (Unifesp)

Suellen Thomaz de Aquino Martins (UFSB)

Tamara Angélica Brudna da Rosa (IFFaroupilha)

Tânia Ferreira Rezende (UFG)

Vanessa Ribas Fialho (UFSM)

Vania Cristina Casseb-Galvão (UFG)

Vera Lúcia Lopes Cristovão (UEL)

Viviane Bengezen (UFCAT)

Wilmar D'Angelis (Unicamp)

GRÁFICA PAYM
Tel. [11] 4392-3344
paym@graficapaym.com.br